# LE ROI
# LOUIS-PHILIPPE

ET

## LA RÉVOLUTION

PAR

LE RÉDACTEUR EN CHEF DE LA GAZETTE DE FRANCE

AVEC

**Lettres inédites et autographiées**

DU ROI LOUIS-PHILIPPE, DE LA REINE AMÉLIE, DU DUC PASQUIER
DE M. ODILON BARROT, ETC.

PARIS

MARTIN-BEAUPRÉ FRÈRES
LIBRAIRES ÉDITEURS
21, RUE MONSIEUR-LE-PRINCE ET RUE CASSETTE, 17

1864

# LE ROI

# LOUIS-PHILIPPE

ET

# LA RÉVOLUTION

PARIS — TYPOGRAPHIE GAITTET

Rue Git-le-Cœur, 7

# LE ROI
# LOUIS-PHILIPPE
## ET
## LA RÉVOLUTION

PAR

LE REDACTEUR EN CHEF DE LA GAZETTE DE FRANCE

AVEC

Lettres inédites et autographiées

DU ROI LOUIS-PHILIPPE, DE LA REINE AMÉLIE, DU DUC PASQUIER
DE M. ODILON BARROT, ETC

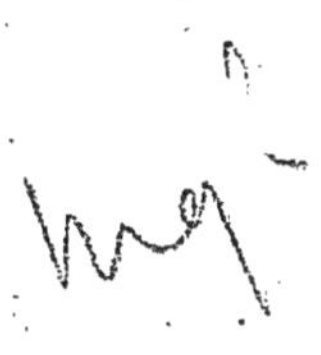

## PARIS

MARTIN-BEAUPRÉ FRÈRES
LIBRAIRES-ÉDITEURS
21, RUE MONSIEUR-LE-PRINCE ET RUE CASSETTE, 17

1864

# AVANT-PROPOS.

Nous publions aujourd'hui une quatrième édition de notre livre *la Révolution c'est l'Orléanisme*, ce qui porte à dix mille le nombre des exemplaires tirés, sans y comprendre la publication en une série d'*études* insérées primitivement dans *la Gazette*. Les pièces autographes que nous avons ajoutées à chaque édition nouvelle, et qui justifient si bien les données fondamentales du livre, ont contribué à ce succès, le plus complet qui ait été obtenu dans la librairie depuis longtemps. Ce succès a pu seul rendre possible le prix minime auquel nous avons fixé les dernières éditions, et qui est maintenu dans celle-ci.

Le zèle de nos amis et le concours qu'ils nous ont donné pour la propagation de ce livre est pour beaucoup dans ces résultats; nous aimons à les en remercier.

Ils ont parfaitement compris l'importance de cette publication pour le présent et pour l'avenir.

Il nous est permis de croire que ce travail n'a pas été étranger au mouvement d'opinion qui a fait déchoir les espérances du parti orléaniste.

Nous n'avons qu'un intérêt en vue, celui des principes que nous avons toujours défendus, que nous défendrons toujours, parcequ'ils sont identifiés avec le sang qui coule dans nos veines. Qu'on se mette à ce point de vue ; on comprendra nôtre conduite présente comme notre conduite passée et notre conduite future. On comprendra que nous ayons blâmé l'ancienne direction, qui tendait à nous séparer de la nation pour nous rapprocher d'une cause ennemie de la nôtre, d'une cause qui est la violation et la négation de nos principes, d'une cause que la nation a condamnée et foudroyée en 1848 à notre très grande joie, nous ne craignons pas de le dire. On comprendra que nous n'ayons pu voir sans une vive douleur des hommes auxquels on avait remis la direction de notre parti glisser en quelque sorte avec leur armée parlementaire sur le terrain et dans le camp des négateurs et des violateurs du droit monarchique, au lieu de rester dans la magnifique position que nous avions conquise, avec nos amis, pendant l'usurpation de dix-huit ans et contre elle.

Nous avons dû protester dans *la Gazette* contre cette faute des chefs parlementaires de notre parti. Nous l'avons fait avec fermeté, en bravant les bulles d'excommunication qu'ils avaient dans leurs mains. Nous l'avons fait parceque, dans la conviction où nous étions que le résultat de cette politique serait une effroyable déconvenue, nous voulions conserver à nos amis et à notre pays un promontoire où ils pussent se réfugier un jour après le naufrage. Mais notre protestation, toute ferme qu'elle était, a été mesurée et modérée, parceque nous ne voulions pas qu'on pût nous imputer le mauvais succès de la tentative de fusion dans laquelle on s'était engagé.

Aujourd'hui que les événements nous ont trop donné raison; aujourd'hui que nous avons vu, d'une part, la vanité de ces espérances de fusion avec lesquelles on nous a bercés et bernés pendant quatre ans, et d'autre part la coalition qu'on avait formée contre nos conseils ruinée et jetée dans l'impuissance, aux applaudissements de la France entière; aujourd'hui que l'expérience nous prouve et l'incurable endurcissement de l'esprit orléaniste, et le discrédit où l'on arrive quand on s'unit à lui, quelle raison avons-nous pour garder la même mesure et les mêmes ménagements?

Si les alliés de nos anciens chefs parlementaires

venaient réellement à nos principes, s'ils brisaient la chaîne qui les attache à une cause permanente de troubles et de révolutions ; si, pour arriver à nous, ils déposaient sur le seuil leurs vêtements brûlés au feu de l'abîme, nous serions coupables de les repousser. Mais en est-il ainsi, nous le demandons ? Leurs journaux ne nous ont-ils pas appris à quelles conditions insolentes et folles ils mettaient la réalisation de cette fusion tant préconisée par eux ? N'a-t-on pas vu dans ces prétentions reparaître tout un passé néfaste et funeste et la destruction finale de tous les principes d'unité et d'ordre social ! N'était-ce pas pour nous un devoir de déchirer le voile d'oubli qu'on a mis sur ce passé dont on voulait faire l'avenir de la France ?

Ne comprend-on pas que le moment actuel, où l'ordre est assuré contre toute tentative des partis anarchiques, ait dû nous paraître éminemment favorable pour aller au fond de cette question de révolution qui, depuis soixante ans, corrompt et vicie toutes les forces vitales de la France ? N'est-il pas temps de détruire tous les mirages, toutes les fictions qui empêchent cette nation de voir où sont ses intérêts, et d'offrir pour base à l'esprit public la *vérité vraie* sur les hommes et sur les choses ?

Est-ce que nous ne rendons pas service aux

hommes de bien qui se sont engagés naguère dans la cause du mal par l'espoir décevant de sauver l'ordre matériel en leur montrant, par des faits irréfragables, que cette prétendue monarchie de juillet n'était qu'une tentative de l'orgueil humain contre l'ordre universel ; que cette Babel, deux fois foudroyée, le serait encore avec plus de ravages peut-être si on essayait de la relever ?

Est-ce que la France peut être sauvée si des hommes de valeur et de capacité restent fascinés par des sophismes, par des prestiges d'honnêteté, par tout un ordre monarchique artificiel, construit à force de mensonge et d'astuce, et reposant sur des bases révolutionnaires ?

Ne sommes-nous pas, en nous efforçant de ruiner pour jamais cet édifice d'illusions, dans notre mission de publiciste, dans l'œuvre de réparation et de vérité à laquelle nous travaillons depuis trente ans ? Ne sommes-nous pas dans la ligne des principes où *la Gazette* a marché sous la restauration, sous l'usurpation, sous le *burgraviat* de la rue de Poitiers ? Ne nous trouve-t-on pas sur le même terrain et au même point de vue, et agissant dans les mêmes convictions !

Nous savions très bien qu'en remplissant ce devoir nous nous exposions aux réactions et aux calomnies.

Quand nous en aurions douté, les lettres anonymes et les correspondances orléanistes des journaux étrangers nous auraient prouvé que nous faisions ici, comme toujours, œuvre de courage et de dévouement.

Les passions qui se défendent contre nos attaques disaient leur nom par le choix de leurs armes. Ces armes sont tombées impuissantes devant la raison publique, et aucun homme se respectant lui-même ne les a ramassées pour les diriger contre nous, notre vie entière étant une réponse qui avait bien quelque valeur auprès des hommes de sens et de jugement.

Exempt de ressentiments et de haine, nous n'avons d'autre passion que celle du bien; nous n'écrivons ni pour blesser ni pour repousser des hommes dont nous estimons les grands talents et les hautes capacités politiques; mais, dans notre opinion, la société a par dessus tout besoin de voir clair dans ses profondeurs.

On a trop déguisé les vérités par ménagement pour les partis et pour les hommes. Nous suivons à nos risques et périls la politique contraire, et, si nous devons en juger par le succès de cet écrit, nous nous sommes rencontré avec le sentiment public dans l'œuvre que nous avons entreprise.

# LA RÉVOLUTION

C'EST

# L'ORLÉANISME.

## PREMIÈRE PARTIE.

### I.

L'expérience, dont le flambeau a répandu depuis soixante ans tant de lumières sur les mystères du gouvernement des choses humaines, nous montre deux sortes de logiques pouvant être mises en action dans les sociétés, et créer pour elles deux modes bien distincts d'existence.

La première est la logique des principes éternels, la seconde est la logique des faits.

La logique des principes éternels suppose la sou--

mission libre des intelligences et des cœurs aux prescriptions du devoir que la raison indique et que la religion sanctionne. Elle a pour résultat l'accord des lois humaines avec les lois divines. Les sociétés placées dans cette logique, et qui s'y maintiennent, *ont la liberté des enfants de Dieu.* L'ordre et tous les biens qui en découlent se réalisent pour elles sans autre sacrifice que celui des passions et des mauvais penchants de notre nature, sacrifice toujours obligatoire pour l'homme qui ne borne pas à cette vie terrestre le sentiment de ses destinées.

La logique des faits commence par les sociétés le jour où elles ont laissé un premier fait se réaliser, par la violation des lois morales, dans la sphère de l'autorité et des institutions politiques.

Subjuguées par ce fait, elles n'ont plus qu'à choisir, entre ses conséquences, celles qui sont le moins désastreuses pour elles ; employant leur force de conservation à retarder sans cesse leur destruction ; combattant le mal dans ses effets immédiats, sans même essayer d'atteindre ses causes, et se servant d'un de ses éléments pour vaincre et dominer les autres, jusqu'à ce que, cet élément étant dominé et vaincu à son tour, la raison du salut public qui lui avait donné le concours des intérêts sociaux porte ces intérêts vers une autre transformation de pouvoir.

C'est cette situation des peuples engagés dans une lutte perpétuelle contre la logique des faits qui constitue l'état de révolution. Cet état peut se prolonger et se développer à l'infini, sans amener la ruine finale d'une nation, parceque Dieu, qui a créé l'homme pour vivre en société, a voulu que l'esprit de conservation fût plus fort que les causes de destruction; et que cet esprit, en s'exaltant par la grandeur et l'imminence du danger, trouve toujours dans ce danger même les moyens de le conjurer pour un temps. Mais à quel prix de labeurs et d'alertes cette nation peut-elle éviter sa dissolution toujours imminente? que d'énergie elle doit dépenser seulement pour ne pas mourir! quels sacrifices de liberté, de dignité, de bien-être elle doit faire, sans que ces sacrifices puissent contribuer à l'extension ou seulement au maintien de sa puissance au dehors!

Ainsi, en se laissant séparer des principes éternels, elle tombe sous l'empire de la nécessité; elle perd la liberté des enfants de Dieu, et n'a pas même toujours la liberté des enfants du siècle!

Nous ne blâmons donc pas les hommes placés par les révolutions dans la logique des faits de se déterminer par des raisons de salut social tant qu'ils ne peuvent rentrer dans la logique des principes; le premier des principes, c'est que la société ne doit pas périr ; et c'est de la loi de nécessité qu'on peut dire : *Dura lex, sed lex !*

Tout en déplorant ce qu'il y a de mortifiant pour l'humanité dans ce déplacement de son libre arbitre tombant de la région des principes éternels dans celle des faits matériels, nous devons dire que cette chute ne lui ôte pas cependant toute noblesse ; car, d'abord, c'est un devoir pour elle, dans toutes les situations, de combattre le mal actuel en cherchant le mieux possible, et d'apporter dans ce combat son énergie et sa sagesse, quels que soient les désavantages du champ de bataille où elle est placée. On doit reconnaître que ce n'est pas toujours la faute d'un peuple si un fait violateur des principes s'est réalisé dans la sphère du gouvernement : ce malheur a souvent sa cause principale dans l'aveuglement des gouvernements.

Parceque le pouvoir aurait failli à sa mission, ce ne serait pas une raison pour qu'une nation s'abandonnât à toutes les conséquences qui résultent d'un accident aussi funeste. Quand l'ordre moral a été détruit, elle doit tâcher de sauvegarder l'ordre matériel ; quand le bien absolu est temporairement impossible, elle doit chercher le bien relatif, et demander aux pouvoirs de fait la protection qu'elle peut en attendre pour ses intérêts essentiels compromis et menacés.

Mais pour qu'une nation puisse conserver, sous l'empire de la logique des faits, une partie de sa grandeur morale, une chose surtout est nécessaire ; c'est que cette nation garde dans son intelligence la notion et l'amour de ces principes éternels dont elle est accidentellement séparée, et qu'elle tende à s'y placer aussitôt qu'elle pourra surmonter les nécessités anormales dont elle est forcée de porter la chaîne.

L'humanité, même en subissant sa déchéance, a besoin de tenir au ciel par sa pensée. Sans cela, elle tomberait d'abîmes en abîmes, comme l'archange dont on a dit que sa chute durerait toujours si la volonté de Dieu ne le retenait.

Il est donc nécessaire, dans les époques de révolution, que des hommes se dévouent à la tâche difficile et périlleuse de conserver dans l'esprit d'un peuple le souvenir des principes éternels dont il est séparé, comme il était nécessaire que les poètes hébreux conservassent à Babylone le souvenir de Jérusalem.

Cette mission, nous l'avons remplie pendant dix-huit ans avec persévérance et dévouement, secondé et soutenu par tous les hommes de principes dont se composait le parti légitimiste ; elle n'est point finie pour nous, et nous apporterons à l'accomplir le même dévouement et la même persévérance.

Nous porterons le flambeau de la discussion dans la région des causes, et nous ferons voir dans le passé la raison de l'affaiblissement de l'institution monarchique, et ce qui aurait dû être fait pour la rétablir dans sa force et dans son autorité.

Dans cet examen rétrospectif, nous serons sévère pour une branche de la maison de France ; car nous serons forcé de reporter sur elle la responsabilité de la chute de la monarchie traditionnelle : mais, de ce côté même, aucun ménagement n'est prescrit par la politique pratique ; car les princes d'Orléans ont repoussé toutes les tentatives qui ont été faites près d'eux, depuis 1848 et même depuis le 2 décembre, pour les ramener au sentiment de leur devoir et de leur intérêt véritable.

Nous sommes donc libre comme l'histoire pour juger toutes les conduites qui ont amené les événements aujourd'hui réalisés. Nous serons équitable et impartial comme elle.

Tels seront le but et l'esprit des études rétrospectives que nous publions ici. Eclairer et rectifier le passé, c'est le moyen d'expliquer le présent et de dégager l'avenir.

## II.

On a cherché les causes des grandes perturbations de ce siècle dans les déviations philosophiques du dix - huitième siècle, dans le mouvement des esprits vers une indépendance absolue, dans l'affaiblissement des croyances et par conséquent de l'autorité et de la morale. Nous ne voulons nier l'influence d'aucune de ces causes sur les événements contemporains; mais nous ferons remarquer qu'avant 1793 la France n'était pas restée immobile dans les développements de la civilisation chrétienne, qu'elle avait traversé bien des époques de transformation, bien des crises philosophiques, religieuses et politiques, depuis l'hérésie arienne jusqu'à l'hérésie protestante, sans jamais se séparer de la royauté, qui avait semblé présider à ces luttes de la vérité contre l'erreur et en était sortie plus forte et plus respectée, comme on le vit sous Henri IV.

C'est que le gouvernement d'un seul n'est pas seulement pour la France un objet d'affection et de préférence; c'est un besoin qui a sa source dans la situation de son territoire, dans sa religion, dans son génie natif, dans la nature même des intérêts moraux et matériels résultant des rapports de cette nation avec les nations voisines et de la mission qui lui est donnée dans la constitution générale de la chrétienté.

Les raisons qui ont fait que la Gaule, arrachée à la domination romaine, s'est assimilée si facilement la monarchie de Clovis, et qui ont porté cette nation à soutenir et à perfectionner l'institution royale pendant quatorze siècles, sont les mêmes qui, après la proclamation de la République en 1848, l'ont fait aspirer immédiatement au gouvernement d'un seul. La monarchie représentative est pour la France le premier et le dernier mot de son histoire ; c'est non seulement l'idéal du gouvernement qui se conserve dans cette nation ; c'est sa condition d'existence, c'est sa nature, c'est sa vie.

Il faut donc attribuer à une cause particulière le détestable crime qui, en 1793, est venu consterner le monde et ouvrir pour la France l'abîme dans lequel tant de générations se sont englouties sans parvenir à le combler.

Cette cause nous apparaît avec des traits si frappants d'évidence qu'il nous est impossible de ne pas la montrer, non pour offrir un aliment aux passions contemporaines, mais pour éclairer l'époque historique que nous avons traversée pendant soixante ans.

Il faut remonter assez loin au-delà de cette époque pour la bien comprendre.

La convocation de la nation en 1789 ne fut pas un fait isolé, un acte tout à fait spontané de la royauté ; ce fut la dernière ressource du gouvernement royal, qui avait vainement recouru à des lits de justice, à une cour plénière, à une assemblée de notables pour surmonter les difficultés de toutes sortes accumulées sous ses pas. Cette mesure se présenta comme une nécessité suprême, et c'est à ce titre qu'elle subjugua les entourages du trône et vainquit leur résistance. C'était la force des principes qui triomphait après l'épuisement d'un régime fondé sur leur violation.

Tout en réservant notre admiration pour le grand roi qui attacha son nom à un grand siècle, il nous est impossible de ne pas reconnaître que Louis XIV avait violé le droit national de la France dans les deux grands principes qui le constituaient : dans la légitimité de l'hérédité royale et dans le consentement de l'impôt par les représentants de la nation.

Il avait violé le principe de la légitimité royale en déclarant, contrairement aux lois fondamentales, que ses enfants naturels auraient les droits et les prérogatives de princes du sang ; il avait violé le principe du consentement de l'impôt non seulement en ne convoquant pas les assemblées générales, mais en chassant les parlements, qui, en l'absence de ces assemblées, autorisaient les levées de subsides, et en frappant des contributions par ordonnance.

Nous ne voulons pas nier que son despotisme n'eût sa raison d'être dans la situation amenée par les guerres de religion et par la nécessité de compléter et de fortifier le territoire livré précédemment à des dangers d'invasion. Mais outre qu'il abusa de ce despotisme dans l'intérêt de ses passions, ce qui est presque toujours inévitable, il énervait, par l'exagération même de son pouvoir, l'autorité de ses successeurs, qui devaient subir l'action des vices inhérents à tout régime d'arbitraire et supporter la réaction des principes violés.

La logique de tous ces faits devait donc amener, après l'épuisement des expédients au moyen desquels le despotisme fondé par Louis XIV s'était soutenu sous le règne de Louis XV, le retour aux principes violés. Le mouvement de 1789 devait être une grande réformation, et c'est ainsi, en effet, que ce mouvement se manifesta dans l'édit de convocation du vertueux Louis XVI et dans les immortels cahiers de la nation.

On devait obtenir comme résultat de ce retour aux principes l'accomplissement des vœux exprimés dans les derniers états généraux sous Louis XII et sous Louis XIII pour que la convocation de ces assemblées fût périodique au lieu d'être facultative, et pour que les députés délibérassent en une seule chambre au lieu de former des ordres séparés, ce qui n'avait plus de raison d'être quand les biens de la noblesse et du clergé rentraient dans la loi commune.

Comment donc est-il arrivé qu'au lieu d'amener cette grande réforme réclamée par la nation, au lieu de ce retour aux principes constitutifs et aux lois fondamentales de la monarchie représentative, ce beau mouvement, reconnu et accepté par un excellent roi, ait changé en quelques mois de but et de caractère, qu'il ait amené des attentats chaque jour plus graves à la majesté royale, et que l'échafaud devînt le chemin du ciel pour le roi auquel le peuple venait de décerner le titre de *restaurateur de la liberté française?*

On aura le mot de ce problème si l'on veut faire attention qu'au milieu de cet essor des idées vers le progrès des institutions un prince placé auprès du trône, un descendant du frère de Louis XIV, ouvrit son cœur à une pensée d'usurpation qui ne pouvait se réaliser que par la mort violente d'un roi jeune et en possession du titre le plus impossible à contester.

Cette pensée d'usurpation est devenue le ferment qui a vicié le mouvement purement réformiste de 1789. Il a fait entrer le crime dans un développement de civilisation qui avait le bien pour mobile, et donné à tous les événements subséquents ce caractère tragique que le génie de la nation a eu tant de peine à surmonter.

## III.

Quiconque a étudié avec soin l'histoire de notre première révolution a reconnu l'action néfaste que la faction d'Orléans a exercée dans tous les conflits de cette époque.

S'il y a un point historique hors de contestation, c'est que les journées des 5 et 6 octobre furent amenées par l'or de la faction d'Orléans (1). Ces journées tuèrent la royauté, comme le 21 janvier tua le roi. Et quand la royauté fut morte la mort du roi ne dépendait plus que d'un arrêt inique, auquel Philippe-Égalité ne refusa pas même sa signature.

(1) Voir la procédure du Château.

Cet or qui se répandait dans les bas-fonds de la grande cité, pour produire ces journées horribles où la majesté royale était traînée vivante aux gémonies de la révolution, quelle était sa source? Il venait des immenses apanages accordés naguère par la munificence de la grande nation au frère du grand roi, pour qu'il pût soutenir et défendre au besoin cette majesté de la couronne et les lois fondamentales de la monarchie.

C'est donc la force de l'institution monarchique qui a tourné contre elle par la défection de Philippe d'Orléans, et, pour rendre la portée de cette défection plus sensible, Dieu a permis que cette défection allât jusqu'à l'effusion du sang royal par les mains de ce prince, qui tirait de ce sang son existence et la grande prérogative politique qui l'élevait au dessus de tous les citoyens.

Ainsi la catastrophe du 21 janvier a sa cause morale dans la défection de la branche d'Orléans. L'institution monarchique, telle qu'elle avait été établie par la sagesse de nos pères, était tellement forte qu'elle ne pouvait être détruite que par elle-même.

Cette observation a une immense importance historique, si l'on veut bien penser que le 21 janvier est le fait primordial, le fait principe qui contient toute la révolution. Dans ce meurtre d'un roi se trouvent enfermés tous les événements violents et tragiques produits en dehors de la civilisation traditionnelle contre les principes de cette civilisation, contre les mœurs qu'elle avait produites, contre les intérêts qu'elle avait fondés, contre les notions du juste et de l'injuste qu'elle avait accréditées dans l'esprit des peuples.

La nécessité de soutenir ce fait, de l'élever au dessus de la sociabilité, de l'humanité, de la réaction de l'Europe entière, coalisée pour en obtenir la réparation, devint la loi suprême des pouvoirs qui devaient leur existence à ce crime politique.

Cette nécessité devint même la loi de la France, engagée, pour son indépendance, pour son existence comme nation, dans cette lutte contre l'Europe.

Il y eut dès lors une logique du mal en vigueur dans une société qui s'était développée pendant quatorze siècles par la logique du bien. Des hommes considérables par leur intelligence, par leur valeur personnelle furent dévolus à cette cause. Le génie national donna à plusieurs de ces hommes sa grandeur et sa puissance. Et comme il arrive toujours dans les complications des principes mauvais avec les intérêts des sociétés chrétiennes, plusieurs apportèrent dans la défense de cette cause des intentions droites, des vertus éclatantes, un patriotisme incontestable.

Nous sommes même convaincu que les bonnes tendances de ces hommes et la force de l'esprit public
auraient corrigé depuis longtemps cette logique révolutionnaire dont ils avaient subi les développements si la pensée d'usurpation qui avait vicié le
mouvement de réformation de 1789 ne s'était per-
pétuée dans le sein de la société, et n'avait renou-
velé sous d'autres formes les désastreux effets qu'elle
avait produits en 1793.

## IV.

Des considérations d'une immense importance
morale et politique se présentent ici à notre pensée :
il s'agit de savoir quelles devaient être pour les enfants de Philippe-Égalité les conséquences du crime
de leur père ; quelle conduite devait tenir à l'égard
de cette famille le chef de la maison de Bourbon,
rétabli sur le trône en 1814 ?

Ces questions se rapportent aux lois morales et religieuses que les rois sont tenus de respecter ; elles
se rapportent aussi aux lois positives en vigueur dans
la société française, et qui composaient le droit politique existant dans cette nation. Nous tenons à prou-

ver que, si ce droit national eût été observé en 1814, la monarchie n'aurait pas péri en 1830, et le cycle des révolutions eût été fermé en France et en Europe.

Le crime du 21 janvier fut à la fois un régicide et un suicide ; car le régicide commis par un prince placé dans l'éventualité de la succession à la couronne détruisait pour lui le bénéfice de cette éventualité, en vertu de cet axiome de la justice universelle : « On ne peut hériter de ceux qu'on assassine ! » Et non seulement il le détruisait dans la personne de ce prince, mais il semblait devoir le détruire dans sa postérité ; car si les enfants du frère de Louis XIV se trouvaient, par le seul fait de leur naissance, investis de ces immenses avantages exceptionnels attachés à leur proximité de la couronne, comment par le seul fait de leur naissance ne se trouvaient-ils pas privés de ces avantages, comment ne devaient-ils pas subir la déchéance encourue par l'auteur de leurs jours ?

Mais la loi de grâce apportée par le christianisme a tempéré, nous le savons, la sévérité de la loi de rigueur, et, sans détruire la solidarité des races que subissent les enfants d'Adam, elle nous a donné en fait et en droit le principe de la personnalité des fautes et des punitions.

Toute la question des droits de la maison d'Orléans

après le crime du 21 janvier se réduisait donc à savoir si les enfants de Philippe-Égalité restaient dans cette pensée d'usurpation qui avait détruit le droit de leur père, ou si, condamnant sa défection et son crime, ils avaient repris du fond de leur volonté cette position de princes du sang royal qui leur était assignée par leur naissance et par les lois de la monarchie ; s'ils acceptaient les obligations et les devoirs attachés à cette position exceptionnelle, source de richesse et de grandeur pour eux, ou si, rapprochés de la royauté par la convoitise de ces richesses et de cette grandeur, ils ne nourrissaient pas en secret l'idée de renouer les liens qui les attachaient aux complices de Philippe-Égalité, et de reprendre cette tradition de félonie que l'épée de la Terreur et plus tard celle de Napoléon Bonaparte avaient interrompue.

On sait assez quelle fut la conduite de Louis-Philippe d'Orléans après la mort de son père. *La Gazette de France* a publié, pendant l'usurpation de ce prince, deux lettres autographes de lui qui témoignent de ses efforts pour faire tourner à son profit la coalition de l'Europe contre la France, lettres dans lesquelles il se déclarait *Anglais par besoin* (1), afin

(1) Voir aux pièces justificatives les lettres autographiées.

d'obtenir le commandement de l'armée qui se formait en Espagne contre la France. (1)

Trompé dans cet espoir, et voyant toutes ses chances personnelles s'évanouir devant la fortune de Napoléon et la valeur des armées françaises, il se rendit à Hartwell (2), près de Louis XVIII, et sollicita *à genoux* le pardon des fautes de sa jeunesse, et notamment de son accession au club des jacobins et de l'assentiment qu'il avait donné aux doctrines et aux actes de cette association révolutionnaire.

Cette soumission, qu'on ne cherchait pas alors à farder par le nom de *fusion,* fut acceptée par le roi exilé. Nous le louons de cette magnanimité, qui n'excluait pas le devoir, accepté aussi dans sa pensée, de surveiller les pratiques de son parent converti.

Louis-Philippe rentra donc en 1814 avec les princes de la branche aînée

## V.

Sa conversion ne tint pas devant les séductions de sa position nouvelle. La chute de l'empire avait

(1) Voir aux documents, n° I.
(2) Voir aux documents, n° II.

rendu l'espoir aux hommes de révolution que Napoléon avait comprimés, et qu'il confondait tous sous le nom de *Jacobins*. Louis-Philippe renoua secrètement les liens qui l'unissaient jadis à ces ennemis de la monarchie et de l'ordre social ; et quoique l'opposition qui se formait contre la restauration eût une couleur impérialiste, et semblât par conséquent devoir repousser l'élément anarchiste, cet élément s'infiltra si bien dans la réaction des idées et des intérêts napoléoniens qu'après le 20 mars la chambre des représentants convoquée par Bonaparte se trouva composée presque entièrement de démagogues également ennemis de Napoléon et de la dynastie bourbonnienne.

Louis-Philippe d'Orléans espérait donc que la défaite de l'armée française par les armées de l'Europe, encore sur nos frontières, abattrait le parti impérialiste, et laisserait prédominer le parti jacobin, maître de l'Assemblée ; il ne doutait pas que ses amis de la chambre des représentants ne le demandassent pour roi aux puissances alliées, et que son intronisation ne fût acceptée comme une transaction entre les rois de l'Europe et la France révolutionnaire.

C'est pour se mettre de plain-pied avec ces éventualités qu'au lieu de suivre à Gand son roi et son parent il se rendit en Angleterre.

Louis XVIII, dont la finesse avait pénétré le motif de cette détermination, lui écrivit pour lui enjoindre de venir le trouver. Le duc d'Orléans désobéit à cet ordre du chef de sa famille.

Pour tout homme de sens et de jugement, cet acte de désobéissance dans une circonstance suprême pour la royauté plaçait Louis-Philippe dans la situation morale la plus grave où un homme puisse se trouver sur cette terre, celle d'un coupable pardonné et revenant au crime qui lui a été remis. C'est le fait des renégats relaps, qui étaient et sont encore l'objet du mépris de toute la chrétienté. Il semble, en effet, que la charité s'évanouisse par impuissance devant la perversité qui a traversé le pardon. Ces rechutes détruisent à fond le caractère des hommes qui les acceptent; car elles mettent en question la sincérité de la confession qu'ils avaient faite, elles entachent de faux le repentir exprimé et de bassesse les génuflexions et les *prosternations* employées pour obtenir la rémission des fautes commises.

Il semblait donc qu'après cette rechute les lois de la morale, comme celles de la politique, interdisaient à Louis XVIII tous nouveaux rapports avec un parent si profondément identifié avec la pensée d'usurpation. Le roi parut le comprendre ainsi lorsque, rétabli de nouveau sur le trône en 1815, il répondit par un refus au duc d'Orléans sollicitant la permission de revenir en France.

Par malheur pour la dynastie, ce refus ne tint pas devant de nouvelles instances. Seulement on mit à la permission demandée une condition qui semblait devoir être impossible à un prince français, celle de livrer ses complices en envoyant au roi toute la correspondance qu'on avait entretenue pendant les Cent Jours avec les Jacobins.

Cette condition étant remplie, Louis-Philippe revint prendre sa place près de ce trône objet de sa convoitise (1). Le serpent que l'enfer avaient créé dans le sein de la dynastie bourbonnienne renoua ses tronçons brisés, et la révolution retrouva sa personnification et son génie.

## VI.

L'avénement de Louis XVIII, en 1815, produisit dans Paris et dans la France un enivrement de joie et d'espérance qui se manifesta par une fête popu-

---

(1) Voir le document n° III, la proclamation qu'il fit en 1816 pour dernière preuve de ses sentiments à l'égard de son souverain, e les troisième et quatrième lettes autographes.

laire dont le souvenir fait pâlir toutes les solennités prétendues nationales auxquelles nous avons assisté depuis. Il semblait que Paris fût menacé de prendre feu par les fusées qui éclataient dans toutes les rues et par l'illumination de toutes les maisons. Le peuple avait forcé toutes les consignes aux abords des Tuileries, et envahi le jardin, dont les parterres furent tous les soirs foulés et dévastés par les danses délirantes dans lesquelles toutes les classes se confondaient.

La joie du peuple — la vraie joie selon Beaumarchais — eut besoin de quinze jours de fête pour se satisfaire. Nous rappelons ces images comme preuves du sentiment général qui accueillit le retour de la royauté, et pour amener les esprits de nos lecteurs à chercher avec nous la cause qui corrompit cette ingénuité de la confiance publique, et changea en hostilité cette sympathie des populations.

Ce ne fut assurément pas le parti napoléonien qui exerça cette action funeste. Ce parti, livré à ses seules inspirations, était porté à la résignation par l'esprit de sacrifice qui est l'âme et la grandeur du soldat. Le chef illustre en qui se personnifiait ce parti s'acheminait vers Sainte-Hélène, sur les vaisseaux de l'Angleterre, qui, au lieu *du foyer* si noblement demandé par Napoléon, lui avait donné un tombeau. Parmi les débris glorieux de cette armée qui venait de succomber dans une lutte dernière, les uns s'étaient enveloppés dans leur drapeau pour ne pas voir l'humiliation de leur patrie envahie par les hordes du Nord, les autres avaient apporté leur épée et leur dévoument au nouveau gouvernement.

Les *jacobins* de la chambre des représentants, après avoir prononcé la déchéance de l'empereur vaincu, et demandé solennellement aux souverains étrangers de choisir pour roi de France qui bon leur semblerait, pour le substituer au roi légitime, s'étaient dispersés sous le poids de la réprobation universelle. La perspective de trente années de paix succédant à une guerre européenne sans exemple ; les communications rétablies entre tous les peuples de l'univers ; enfin un principe d'ordre donnant, pour la première fois depuis vingt-cinq ans, une base stable aux entreprises industrielles et aux spéculations commerciales, toutes ces causes d'espoir et de confiance, saisissant l'imagination publique, ouvraient une carrière sans limite à l'activité des esprits, et semblaient ne laisser au pouvoir d'autre tâche que celle de seconder le développement de prospérité qui allait naitre.

Nous ne voulons pallier aucune des fautes qui furent commises par le gouvernement restauré, et qui pouvaient blesser soit le génie de la nation par des images et des prétentions en arrière du mouvement des idées et des intérêts, soit sa justice et sa générosité par des réactions contre les partis renversés de la scène politique, soit enfin sa raison par des faits et par des maximes contraires aux grands principes de liberté reconnus et proclamés par la royauté elle-même en 1789.

Ces fautes, quelque graves qu'elles fussent, n'auraient point entraîné la chute du gouvernement royal si d'autres fautes, dont on a fait beaucoup moins de bruit dans la presse, dans les salons et dans les assemblées, n'étaient venues détruire les conditions d'existence de toute monarchie, et donner aux griefs produits par les premières une valeur et une portée qui allaient à la destruction du gouvernement et de la société.

Ce sont ces fautes vraiment capitales par leur conséquence que nous allons mettre en lumière, et nous le faisons avec d'autant moins de réserve que, si elles impliquent un gouvernement que nous avons servi et aimé, elles ont leur source dans l'excessive bonté, dans la générosité de nos rois.

## VII.

Après la désobéissance formelle de Louis-Philippe d'Orléans, après avoir acquis la preuve que ce prince était resté en Angleterre pour nouer des pratiques avec les Jacobins de la chambre des Cent Jours, et *pour se tenir*, selon la formule employée depuis, *à la disposition de la France*, — ce qui ne l'avait pas empêché d'adresser un Mémoire aux souverains alliés pour leur prouver que la couronne de France serait mieux placée sur sa tête que sur celle du roi légitime, — que devait faire Louis XVIII pour mettre sa dynastie et sa nation en sûreté contre cette pensée invincible d'usurpation qui venait de se trahir encore une fois par une tentative impuissante.

Il devait déférer à son parlement, à défaut des assemblées générales de la nation, la conduite de son parent rebelle, et provoquer une grande mesure de justice nationale qui eût entrainé la déchéance de cette maison princière.

C'est ainsi que les choses se seraient passées si le droit national de la France eût été en vigueur ; car la sagesse de la nation a compris de tout temps qu'elle avait besoin de sauvegarde et de garanties contre la magnanimité des rois de France, et que les sentiments de famille, trop souvent mêlés de faiblesse, pouvaient compromettre le repos et le bien-être de tout un peuple.

C'est pour cela que, même sous les rois germains, les assemblées de la nation prononçaient sur les dissensions qui s'élevaient au sein des races royales, et que, sous les trois dynasties, ces assemblées avaient le droit de régler les apanages des princes du sang et d'instituer les régences dans les minorités.

La nécessité d'une institution supérieure, dans ces cas exceptionnels, à la royauté même résultait donc de la raison des choses. Mais Louis XVIII, en prenant le pouvoir constituant, s'était mis au dessus des lois fondamentales et des institutions traditionnelles. Il crut trouver dans le droit d'octroi la plénitude de la force.

Mais la force individuelle des rois n'est que de la faiblesse. Notre nature étant frappée d'infirmité, il n'y a de puissance pour les princes que dans les lois constitutives et dans les institutions, parceque les institutions ont la puissance des principes qui viennent de Dieu.

## VIII.

Toujours sous le prestige de cette illusion d'omnipotence royale, Louis XVIII fut conduit, par sa bonté excessive, à des fautes encore plus funestes : par des ordonnances qui ne furent même pas publiées dans les formes prescrites, il rendit à Louis-Philippe d'Orléans *tous ses biens non vendus.*

Or, pour comprendre tout ce qu'il y avait d'abusif dans cet acte d'omnipotence royale, il faut savoir ce que c'était en réalité que *ces biens non vendus*, sur lesquels on reconnaissait, par le mot *restitution*, un droit de propriété à Louis-Philippe.

Ces biens avaient trois origines, et par conséquent trois natures distinctes : les uns provenaient des apanages donnés par Louis XIII à son fils, chef de la branche d'Orléans ; les autres provenaient des apanages accordés par Louis XIV aux deux enfants qu'il avait eus de M<sup>me</sup> de Montespan, au duc du Maine et au comte de Toulouse, et venus à la duchesse de Penthièvre, mère de Louis-Philippe. (1)

(1) Les administrateurs des biens d'Orléans ont nié cette origine de la fortune de la duchesse de Penthièvre. Mais ils se sont dis-

Or , les lois fondamentales de la monarchie portaient qu'à défaut d'enfants mâles les biens apanagers faisaient retour à la couronne.

L'autre nature de biens, constituant les prétentions de Louis-Philippe, était patrimoniale ; elle consistait dans les propriétés acquises par ses ancêtres sur leurs revenus ; mais, pour ces biens mêmes, des circonstances particulières infirmaient les prétentions du chef de la famille d'Orléans : ces biens étaient absorbés par les dettes de son père. La nation s'était chargée de ces dettes, et les avait en partie payées, faisant à Philippe-Egalité une pension considérable.

Du reste, une loi de la Constituante avait prononcé l'abolition des apanages princiers, et les avait réunis à la couronne, remplaçant le principe des dotations par des pensions pour les princes du sang royal.

Louis XVIII, en décidant par ordonnances que les *biens non vendus* de la famille d'Orléans seraient rendus à cette famille, donnait donc aux biens apanagers le caractère des propriétés ordinaires. Il fai-

pensés de rien produire à l'appui de cette dénégation ; or, comme tous les documents et papiers relatifs aux biens d'Orléans ont été enlevés des archives par Louis-Philippe au moyen d'un ordre obtenu de Louis XVIII, on conçoit que les bases d'une discussion sur l'origine de ces biens ne sont pas à notre disposition, et que nous devons nous en tenir à ce qui est de notoriété historique, à ce qui se trouve affirmé par tous les hommes versés dans la science du droit monarchique et de tous les faits qui s'y rattachent.

sait restituer à la duchesse d'Orléans douairière les apanages du comte de Toulouse et du duc du Maine, dont Louis-Philippe hérita depuis. Il violait en cela les lois fondamentales de la monarchie.

Et en rendant à son cousin les apanages d'Orléans abolis par une loi formelle et les propriétés territoriales de Philippe-Égalité, mort insolvable et pensionné par la nation, qui avait pris ses dettes à sa charge, il violait les actes des assemblées souveraines, lois que sa charte avait reconnues.

Il violait à la fois le droit ancien et le droit nouveau pour constituer une fortune supérieure à celle de plusieurs rois de l'Europe, en faveur d'un parent venant de prouver par une seconde rébellion la persistance d'une pensée d'usurpation qui avait fait tomber la tête de Louis XVI et plongé la France et l'Europe dans un déluge de sang!

On conclura sans doute avec nous de ces faits que les lois constitutives et le droit politique d'un peuple ont du bon non seulement pour ce peuple, mais pour les rois eux-mêmes!

On va voir dans les pages subséquentes ce qu'a gagné Louis XVIII en se plaçant au dessus de ces lois et de ce droit, et en faisant, que l'on nous pardonne ce mot, de la fausse monnaie pour son cousin d'Orléans.

## IX.

Louis-Philippe d'Orléans se trouva donc, par la bonté excessive et abusive de Louis XVIII, en possession d'une fortune vraiment royale, fortune en terres, en forêts, en domaines, en palais, en châteaux dominant les cités, ayant par conséquent, dans tous lieux où ces possessions étaient situées, cette influence naissant de la dépendance étroite où les tenanciers sont placés à l'égard des propriétaires du sol, et cette influence non moins réelle exercée dans des contrées entières par ceux qui portent le mouvement et la vie dans les cités et le travail dans les villages.

Il faut y joindre cette autre espèce d'influence résultant des grandes positions politiques et de l'idée d'une puissance ayant un avenir indéfini, mais assez grande déjà pour s'imposer au gouvernement qu'elle menace.

Comment ne comprendrait-on pas que ces richesses territoriales, détachées de la couronne de France, auraient affaibli la royauté, quand bien même les richesses qu'elles donnaient n'auraient pas été employées contre elle? Ces biens de l'État, qui avaient leur origine dans *les terres fiscales* de la domination romaine, que les rois francs avaient données d'abord à titre temporaire à leurs leudes, et qui, devenues héréditaires par l'usurpation féodale, avaient fait la puissance des grands feudataires combattus par Louis XI et abattus par Richelieu ; ces biens, soit qu'ils nous apparaissent réunis dans les mains du roi, ou partagés entre ses grands vassaux, nous montrent la royauté forte ou faible, solide ou chancelante, la France paisible ou troublée.

Concentrés par Louis XVIII dans une famille, dans un homme, ils reproduisaient, avec des inconvénients plus graves, les embarras et les dangers qui étaient nés de leur usurpation et de leur dispersion sous le régime féodal ; car ils détruisaient l'unité monarchique en créant pour ainsi dire deux rois en France.

On ne remarquera pas sans surprise que tous les biens démembrés de la couronne en faveur des princes de la maison de Bourbon, les apanages des d'Orléans, les apanages du duc du Maine, les apanages du comte de Toulouse et enfin les apanages de la maison de Condé se trouvaient, en fin de compte, réunis dans la famille d'Orléans ; et cela dans une période de vingt années, marquée par trois révolutions faites contre les abus de l'ancien régime, au nom du droit commun et de l'égalité et en haine de la féodalité !

Encore si cette agglomération de richesses avait été opérée au profit d'un prince dont le cœur fût à la hauteur de sa naissance et de ses devoirs, et qui voulût se servir de la puissance dérobée à la couronne pour la soutenir et la défendre sur la tête où les lois de l'État l'avaient placée; ou si, à défaut de cette élévation d'esprit qui lui aurait montré sa grandeur politique liée à l'institution monarchique et au principe de légitimité, Louis-Philippe avait eu seulement une de ces honnêtes natures qui rendent en reconnaissance et en affection le prix des faveurs qu'elles reçoivent, et que les bienfaits attachent au bienfaiteur, la bonté de Louis XVIII pour son parent, quelque déraisonnable qu'elle fût, n'aurait pas eu des conséquenses aussi désastreuses pour la *France*.

Mais Louis-Philippe d'Orléans ne voyait dans son rang de prince français qu'un titre à obtenir une fortune exceptionnelle, et il ne désirait cette fortune que comme un moyen d'arriver au pouvoir suprême et de posséder ainsi la plénitude des richesses attachées à une couronne dont il n'obtenait que des fleurons. La convoitise et l'ambition s'engendraient mutuellement dans le cœur de ce prince.

Toutes ses facultés étaient tellement tournées vers l'usurpation, que, dans sa résidence de Neuilly, il charmait ses loisirs de villégiature en usurpant sur la Seine, au moyen de batardeaux plantés dans le fleuve pendant les eaux basses, deux grandes et belles îles de verdure qui s'unissent maintenant au parc, et rendent inutiles deux arches du magnifique pont de Perrault.

Un mot de ce prince trahit les passions envieuses que la proximité du trône avait allumées en lui. Quand on lui annonça la naissance du duc de Bordeaux, il s'écria : « Nous ne serons donc jamais rien « dans ce pays ! » — RIEN ! Il appelait *rien* la position de prince du sang royal, et les trois cents millions de biens que Louis XVIII lui avaient donnés !

Aussi, pour faire de ce rien quelque chose, il reprit secrètement toutes ses pratiques avec les anciens complices de son père, et il commença cette nouvelle phase de conspiration par *protester* dans les journaux anglais contre la naissance de l'héritier légitime du trône, fondant cette protestation sur des calomnies infâmes ; et quand le roi lui fit demander de désavouer ce document publié sous son nom, il se contenta d'une dénégation verbale, s'enveloppant dans sa dignité pour refuser un désaveu public. (1)

(1) Voir aux documents, n° IV.

## X.

Etabli dans ce Palais-Royal l'orgueil du commerce parisien, appuyé sur ces riches boutiques bâties par un de ses ancêtres dans un intérêt mercantile, il se fit le prince de la classe moyenne et le centre des nouvelles existences qui portaient envie à la noblesse de race, le seul avantage que l'industrie ne pût conquérir. Sa cour, qui le disputait en éclat à celle des Tuileries, devint le foyer attractif de toutes les ambitions déçues, de toutes les capacités mécontentes qui encouraient la disgrâce du gouvernement, de toutes les idées de liberté politique et d'égalité qui se trouvaient froissées par l'imperfection de la charte octroyée ou par la faute des gouvernants. Ces idées, qui seraient devenues des éléments de progrès si elles se fussent renfermées dans les institutions constitutionnelles, devenaient des éléments de révolution par leur contact avec une pensée d'usurpation qui ne pouvait se satisfaire que par la violation du principe monarchique, le renversement du trône, et par conséquent le bouleversement de la société.

Tels furent les effets immédiats de la condescendance du roi pour les exigences cupides de son parent. Louis XVIII était un prince spirituel et fin, qui n'avait rien à apprendre sur la marche des passions humaines, et qui aurait deviné la pensée de son cousin quand bien même la grande épreuve des Cent Jours n'aurait pas mis cette pensée en évidence. Cependant il est permis de croire que la sagacité du vieux roi s'était méprise sur le mobile des exigences du duc d'Orléans. A quelqu'un qui lui disait : « Le « duc d'Orléans en veut à votre couronne, » il avait répondu : « Dites qu'il en veut à ma liste civile. » Il croyait donc que la cupidité l'emportait sur la soif du pouvoir dans l'âme de son parent, et il se flattait d'assouvir cette cupidité en la noyant dans les richesses. Peut-être aussi se fiait-il trop à sa propre habileté pour contenir et neutraliser une ambition qui ne pouvait l'être.

Une grande assemblée de la nation ne serait point tombée dans cette illusion ; car toutes les institutions nées de la sagesse de ces assemblées avaient eu pour but d'atteindre préventivement la perversité humaine dans toutes les profondeurs où elle pouvait descendre. Une assemblée placée dans les principes et armée de la logique du bien aurait deviné et vaincu le mal, et la grande politique aurait fait ce que la petite politique d'un individu couronné ne pouvait pas faire.

4*

Nous suivrons sous le règne de Charles X les développements de la pensée d'usurpation du duc d'Orléans, et nous prouverons sans peine que cette pensée a vicié tout le travail de la liberté sous le régime de la Restauration, comme elle avait, dans Philippe-Égalité, vicié le travail de réformation entrepris par le vertueux Louis XVI.

## XI.

La générosité est sans doute une vertu chez les princes comme chez les particuliers ; mais la générosité des rois ne doit pas s'exercer au préjudice du repos et du bonheur de leur peuple. Elle perd son nom quand elle viole les lois de l'État, qui sont supérieures aux monarques, puisque c'est dans ces lois, œuvre de la sagesse des siècles, qu'ils puisent leur droit et leur pouvoir.

Avant d'être généreux, les rois sont tenus d'être justes, et la justice n'est pas seulement gracieuse et souriante pour l'innocent, elle doit être sévère et terrible pour les coupables.

Les princes qui laissent échapper de leur écusson a main de justice voient bientôt tomber leur sceptre.

Cet aphorisme, si vrai en théorie, a été une vérité de fait pour nos derniers Bourbons. Plus ils couvraient de leur souveraineté la perversité de leur cousin, plus la royauté s'affaiblissait en eux ; plus la justice défaillait dans leur cœur, moins ils étaient rois !

En dépouillant le domaine de l'État pour enrichir la branche d'Orléans, ils amoindrissaient la couronne au profit de l'usurpation, jusqu'au jour où elle fut en position de leur dire, comme Tartuffe à Orgon :

« La maison est à moi ; c'est à vous d'en sortir ! »

Par malheur pour la France, Charles X, à son avénement au trône, poussa plus loin encore que Louis XVIII la générosité abusive dont ce dernier prince avait usé à l'égard de son parent rebelle. Louis-Philippe était trop astucieux pour s'aveugler sur la légitimité des biens dont il avait obtenu la possession. Il savait, comme tout le monde, que des ordonnances royales ne pouvaient aliéner le domaine de l'Etat, auquel les apanages avaient été réunis par une loi formelle, ni autoriser la restitution des biens qui avaient servi à payer en partie les dettes de son père. Il avait donc obsédé de ses sollicitations le gouvernement de Louis XVIII, pour obtenir que ces ordonnances fussent ratifiées par une loi votée dans les deux chambres. Mais la condescendance du roi s'était arrêtée devant l'impossibilité de trouver dans la chambre des députés une majorité qui voulût sanctionner ces abus.

L'ouverture du nouveau règne et l'intervention de la législation pour fixer la liste civile de Charles X parut au duc d'Orléans une occasion excellente d'escamoter au parlement la ratification des ordonnances de Louis XVIII.

On savait que des assemblées françaises tiendraient à honneur de voter sans discussion le bubget particulier de la royauté, et l'on espérait qu'à la faveur de ce sentiment royaliste l'usurpation pourrait faire passer son bagage à la douane parlementaire.

Le nouveau roi se prêta complaisamment à cette combinaison assez humble de l'orléanisme, et l'on put dire alors que *la révolution faisait la contrebande dans les carrosses du roi.*

Il y avait certainement un grand surcroît de générosité dans cette condescendance de Charles X ; car, outre qu'il délivrait de tout souci et de toute dépendance l'ambition si mal contenue de son parent, il devait savoir que l'aversion inspirée par la conduite du duc d'Orléans détruirait l'unanimité des votes qui eût été acquise à la liste civile de la légitimité, et que le début de son règne se trouvait ainsi privé d'une preuve d'assentiment dans lequel son gouvernement aurait puisé une plus grande force.

Mais le cœur de ce prince était alors ouvert à cette libéralité de *joyeux avénement* qui veut noyer tous les ferments de division dans un océan d'amour. Il mit sa volonté royale au dessus des remontrances de ses ministres ; il *exigea* de ses amis la complaisance aveugle dont il était lui-même animé. La loi fut votée sans amendements, mais non sans une opposition raisonnée qui honore l'indépendance comme la sage prévoyance des orateurs qui prirent part à cette discussion, et parmi lesquels M. le baron Dudon se distingua par cette fermeté de langage et par cette science du droit public français dont les précieuses traditions, conservées dans l'esprit national, semblent se perdre chaque jour parmi les hommes parlementaires.

Charles X ne se borna pas à cet acte de condescendance à l'égard de son cousin. Sans égard pour les lois de la monarchie, qui ne donnent le titre d'altesse royale qu'aux membres de la branche régnante, il conféra ce titre au duc d'Orléans, le plaçant par une fiction abusive dans la descendance directe de Louis XIV et tranchant ainsi une question de succession à la couronne devant laquelle s'était arrêtée l'Assemblée constituante après deux jours de discussion !

Quelles énormités ! quelles fautes sont commises par les rois quand leur magnanimité cesse d'être contrôlée par les assemblées générales de la nation ! La chambre des députés, produit du monopole des trois cents francs, se sentait trop faible, et l'était trop en effet pour opposer une digue à la générosité d'un roi légitime. Et cependant cette assemblée était composée d'hommes droits et justes, qui avaient horreur de la félonie et de l'ingratitude et qui étaient parfaitement éclairés sur les dangers de toute concession à l'esprit d'usurpation. Mais le dévouement de ces hommes faisait leur faiblesse. Nommés seulement par cent mille électeurs, privés d'un mandat national, ils ne pouvaient rien refuser à la royauté, pas même la faculté de se perdre.

Il y avait bien dans l'assemblée des hommes moins dominés par leur affection pour la royauté et dont l'opposition aurait pu l'arrêter dans les déviations du pouvoir suprême ; mais ces hommes, qui protestaient en faveur des principes constitutionnels, n'étaient que des orléanistes déguisés en libéraux.

Car, il faut bien le dire, le travail de liberté et de progrès qui se faisait à l'abri des garanties et des institutions données par la charte de Louis XVIII était déjà profondément vicié par l'influence de Louis-Philippe. L'agrandissement rapide de la maison d'Orléans, ses empiétements successifs sur l'autorité royale, malgré les conseils et la résistance des légitimistes, avaient fait du chef de cette maison le centre de l'opposition parlementaire ; toutes les vieilles factions, réveillées par sa présence, s'étaient groupées et disciplinées autour de lui. Et la révolution avait repris sa vie et ses espérances en voyant le fils du régicide assis auprès du trône, détruisant et ternissant la royauté par son affinité dévorante.

C'est ainsi que des hommes de talent et d'intelligence, qui auraient servi la cause de la civilisation s'ils eussent pris leur force dans les principes, se laissèrent entraîner par une ambition coupable à seconder une pensée d'usurpation qui leur offrait un appui actuel et une domination prochaine. Aussi le libéralisme de cette époque fut-il l'antipode du progrès : ce qu'il y avait à corriger dans la charte de 1814, c'était le monopole des trois cents francs, c'était l'arbitraire qui subsistait dans la législation de la presse et dans l'organisation administrative. On sait trop que les libéraux de la restauration maintinrent le monopole électoral contre la droite, qui demandait le vote universel avec deux degrés d'élection, et que la centralisation fut défendue par eux avec tous ses abus contre nos amis, qui voulaient rendre aux communes et aux provinces l'administration de leurs intérêts et l'élection des conseils municipaux. C'est que les prétendus libéraux, entachés de l'esprit d'usurpation, voulaient s'imposer à la France sous le nom du prince qui convoitait la couronne. Ils voulaient conquérir le monopole, au lieu de rétablir le droit commun, preuve manifeste de la vérité profonde inscrite par nous en tête de ces études : *la révolution c'est l'orléanisme !*

## XII.

Il n'est pas de gouvernement qui ne fasse des mécontents. Cette condition est commune aux meilleurs et aux plus mauvais ; car le sentiment de justice fléchit dans tous les hommes quand il s'agit d'euxmêmes, et ce sentiment doit rester ferme dans les dépositaires du pouvoir qui ont à prononcer entre les prétentions et les exigences de tous. Cette différence de points de vue entre les hommes qui produisent leurs titres et ceux qui les jugent est la source de ressentiments amers pour ceux dont les demandes sont repoussées. Il est peu de décisions administratives qui ne prennent pour ceux-ci le caractère d'une injustice, et qui ne fassent naître en eux une réaction contre le pouvoir et une désaffection.

C'est un axiome vulgaire dans le monde gouvernemental que lorsqu'il y a un emploi vacant on fait dix mécontents pour un satisfait.

Ces mécontentements deviennent plus vifs et plus nombreux dans un pays qui, comme la France, est sous l'empire de la loi de succession du partage égal, où par conséquent il est peu de jeunes hommes qui, après leur héritage, n'aient besoin de l'appoint d'un emploi public pour continuer des habitudes de bien-être en rapport avec la fortune paternelle, désormais divisée, et avec l'éducation qu'ils ont reçue.

Toutefois ces mécontentements particuliers ne seraient point dangereux pour la paix publique si le gouvernement trouvait, dans la puissante unité de l'institution monarchique, la force nécessaire pour les contenir. Mais il n'en est pas ainsi lorsque cette unité est détruite, lorsqu'un membre de la famille royale poursuit, ostensiblement pour tous, un but d'usurpation, et lorsque le prince livré à cette convoitise criminelle est déjà parvenu à dominer le gouvernement légitime jusqu'au point de se faire donner par lui, contre l'intérêt manifeste de ce gouvernement et au mépris des lois, une partie considérable du domaine de la couronne.

Nous le demandons aux hommes de jugement d'Angleterre, d'Autriche, de Russie, de toutes les monarchies de la terre, croient-ils que leur roi pourrait gouverner s'il y avait dans sa famille un prince ayant usurpé en quelques années trois cents millions de biens sur le domaine de l'État, et conspirant l'expulsion de ses aînés pour se glisser sur le trône? Et quand on pense que la France est le pays de l'Europe où la propriété est le plus divisée, où il y a le moins de grandes fortunes patrimoniales, on peut apprécier la puissance de ces richesses accumulées dans les mains d'un usurpateur de sang royal au sein d'une monarchie démocratisée.

Comment ne pas reporter ses pensées sur Richelieu poursuivant et atteignant ces vassaux grandis par les faiblesses de la minorité de Louis XIII, et ces princes du sang qui, en *se retirant mécontents*, mettaient le royaume à deux doigts de sa perte?

Le duc d'Orléans, à peine rassuré sur la possession de ses biens par le vote de la loi ratifiant les ordonnances de Louis XVIII, ne garda plus de mesure dans sa défection et dans ses pratiques; il se fit le centre attractif de tous les mécontentements particuliers que la marche du gouvernement royal laissait en dehors du pouvoir officiel. Toutes les ambitions impatientes furent appelées au Palais-Royal ; tous les fonctionnaires destitués, tous les gens de lettres privés de leurs pensions, tous les grands industriels froissés dans leurs vanités furent invités à former une cour autour du petit-neveu de Louis XIV ; des emplois furent donnés dans la maison d'Orléans à des hommes de valeur disgraciés par le gouvernement royal ; et, pour que ces dédommagements eussent tout leur caractère politique, ils venaient immédiatement après les rigueurs qu'on voulait réparer.

La première révolution avait amené des divisions nombreuses entre les factions anarchistes ; le parti de Lafayette et l'ancienne faction orléaniste étaient restés ennemis, et de mutuels ressentiments se plaçaient encore, en 1824, entre les républicains de l'école américaine et les *politiques* de Philippe-Égalité. On s'occupa activement de rapprocher ces partis divers et de les réunir dans une action commune ; des engagements furent pris de part et d'autre, des gages furent donnés. Jacobins, Girondins, Cordeliers, Conventionnels, tous les tronçons du dragon de 1793 se ressoudèrent sous l'influence de ce rayon de royauté dérobé par l'enfer au soleil de Louis XIV.

On devine aisément que les éléments ayant le plus d'affinité avec le fond de la pensée dirigeante donnèrent leur couleur à la nouvelle cour.

Dans le royaume de l'abîme, ce sont toujours les mouvements partis des profondeurs qui ont le pouvoir de transformer la surface.

Less homme de liberté et de progrès, les esprits légers, attirés au Palais-Royal par des mécomptes d'ambition, des froissements d'idées, des blessures faites à leurs intérêts ou à leur vanité, se trouvèrent donc, sans le savoir, engagés dans une action qui allait au renversement du gouvernement légitime au moyen d'une nouvelle révolution.

## XIII.

Au milieu de cette conspiration, manifeste pour tout le monde (1) excepté pour l'excellent Charles X, ce

(1) Les lignes suivantes des Mémoires de M. Alexandre Dumas doivent être recueillies par nous comme un témoignage non suspect à l'appui de nos assertions sur la conduite de Louis-Philippe pendant la restauration. C'est à l'époque du voyage du roi de Naples à Paris et de la fète du Palais-Royal que nous reporte M. Dumas :

« Le duc d'Orléans, dit-il, ne perdait rien de vue : ainsi qu'un chasseur à l'affût, il cherchait à profiter de toutes les fautes du *gibier royal chassé par lui.*

« Aussi, moi qui, familier dans la maison, sentais, pour ainsi dire, *battre le pouls de son ambition, je ne faisais aucun doute de ses désirs,* que chaque jour écoulé convertissait *visiblement* en espérances. »

Ainsi, pour Louis-Philippe, le roi qui l'avait comblé de bienfaits *était un gibier royal* auquel il donnait *la chasse* à l'aide des *limiers* du parlement et de la *meute* des écrivains, poètes et journalistes, réunie et nourrie au Palais-Royal.

roi ordonnait à ses amis venant lui apporter leurs vœux le 1er janvier 1825 d'aller aussi déposer leurs hommages aux pieds de M. le duc d'Orléans.

Une nouvelle occasion se présenta pour le roi de prouver son inépuisable complaisance pour son parent. M. de Villèle avait compris que la vente des biens de l'ancienne noblesse émigrée avait laissé une plaie profonde au sein de la société.

Les nouveaux possesseurs de ces biens, se sentant mal à l'aise quand le principe de légitimité était sur le trône, devaient tendre à se donner un gouvernement en rapport avec l'origine de leur fortune. M. de Villèle résolut donc de faire indemniser les propriétaires dépossédés de ces biens, afin qu'il n'y eût pas en France deux natures de propriétés et pour détruire à tout jamais un élément de révolution qui semblait dévolu à l'usurpation orléaniste.

A peine la loi d'indemnité fut-elle votée que le duc d'Orléans mit en avant la prétention d'obtenir sur ce fonds DIX-SEPT MILLIONS, qui, disait-il, lui étaient dus pour les biens de son père, NON ÉMIGRÉ, que la nation avait vendus.

Mais si la nation avait vendu ses biens, c'est qu'elle les avait achetés. Nous devons rappeler, en effet, que, par un concordat du 6 janvier 1792, Philippe Egalité avait abandonné à ses créanciers toutes ses propriétés, qui furent mises aux enchères et rachetées en partie par l'Etat, qui paya les dettes jusqu'à concurrence de trente-sept millions sept cent quarante mille francs.

L'Etat était donc resté propriétaire de ces biens jusqu'en 1814, où ce qui restait fut *rendu* à Louis-Philippe par ordonnance du roi. La partie qui servait de gage aux créanciers n'avait pas même été exceptée de cette *restitution*, la prescription ayant été invoquée par le fils contre les créanciers de son père.

C'est donc dans la confusion qui naissait de cette liquidation inachevée que le duc d'Orléans trouva le moyen de réclamer une part de DIX-SEPT MILLIONS dans un fonds d'indemnité destiné à purger de leur origine révolutionnaire les biens confisqués *aux émigrés*.

M. de Villèle s'opposa vainement à cette spoliation déguisée en restitution. Charles X se fit solliciteur près de son conseil d'Etat pour forcer la main à son ministre.

On peut voir que le mirage de la fusion ne date pas seulement de 1848 ; on doit, pour être vrai, faire remonter à 1815 cette fascination qui consiste à espérer que les princes d'Orléans deviendront les hommes du devoir moyennant des avantages de position à l'aide desquels il leur sera possible de violer le droit.

## XIV.

Le génie de M. de Villèle luttait héroïquement contre ce travail d'usurpation qui se développait à côté
du trône; ce grand ministre avait entrevu que la
force de l'orléanisme était dans la base étroite donnée à la chambre des députés par la charte de
1814 (1). Il savait que la classe des censitaires à trois
cents francs était la région sociale où dominaient les
passions cupides et envieuses et cet orgueil de la médiocrité intellectuelle qui s'enfle des sophismes d'une
philosophie négative, du talent vulgaire et de l'esprit
astucieux des greffes; il pressentait que la nation, prise
dans son ensemble, dominerait par sa haute raison
ces écarts des intelligences moyennes, et que la sagesse qui avait produit les lois fondamentales se retrouverait pour les soutenir et les faire triompher.

C'est d'après cette pensée que M. de Villèle avait,
en 1815, proposé, au nom de la majorité légitimiste,

____

(1) M. de Villèle avait prédit en 1815 que le cens, s'il était maintenu, amènerait une nouvelle révolution. Tout le monde se rappelle aussi le mot de Châteaubriand sur la fameuse loi du vote
direct : « Cette loi, *sotte et niaise*, produira une révolution, suivie
d'une usurpation au profit de la branche cadette. »

une loi d'électinn qui tendait à faire choisir les électeurs par l'universalité des citoyens. On sait que
Louis XVIII se laissa arracher par M. Decazes la dissolution de cette majorité fidèle, et qu'il signa une
circulaire aux électeurs pour les engager à éloigner
de tous leurs efforts « les amis insensés du trône,
« qui l'ébranleraient en le servant autrement que le
« roi ne veut l'être, et qui, dans leur aveuglement,
« osent dicter des lois à sa sagesse et prétendent gou-
« verner pour lui. »

De tout temps les roués de révolution et d'usurpation ont été habiles à tourner l'autorité royale
contre ses intelligents défenseurs.

Après ce triomphe obtenu sur l'intérêt de la monarchie, M. Decazes avait jeté dans la chambre des
pairs *une fourn'e* de révolutionnaires, avec la mission d'empêcher toute tentative pour élargir la base
de l'élection. Le cercle du monopole une fois soudé,
la royauté s'était trouvée livrée, sans aucun recours
possible, à l'action de la puissance usurpatrice, qui,
maîtresse de la pairie, n'avait plus que la chambre
élective à conquérir pour s'emparer du gouvernement.

M. de Villèle, devenu ministre, ne renonça pas
à briser ce cercle de feu qui devait dévorer la
royauté.

Mais des nécessités pratiques le forcèrent d'ajourner cette tentative jusqu'en 1827.

Il lui fallait obtenir du roi une liste de pairs qui neutralisât la *fournée* de M. Decazes ; et il ne pouvait trouver ces pairs que parmi ses amis de la chambre des députés. La dissolution de cette chambre devint donc indispensable, et les élections générales donnèrent une majorité contre lui. Des intrigues de palais achevèrent sa défaite. Il se retira, laissant la royauté livrée à la puissance désormais prépondérante du parti de l'usurpation.

XV.

On sait que Charles X essaya de conjurer la violence des attaques suscitées contre lui par des concessions ruineuses qui ne firent qu'enflammer l'ardeur des assaillants. M. de Martignac ayant été renversé, il appela le prince de Polignac, faisant ainsi succéder un ministère de provocation à un ministère de faiblesse.

En ce moment M. Thiers, dévolu déjà à l'orléanisme, entra hardiment dans la lice par la fondation du *National,* disant partout qu'il faisait ce journal *pour la monarchie contre la dynastie.*

Il dévoila, dès les premiers numéros, le plan·de campagne de l'usurpation par ces paroles : « Accu- « lés aux extrêmes limites de la charte, s'ils y res- « tent, ils y étoufferont ; et s'ils en sortent, nous les « tuerons. »

La royauté ne sortit pas de ces limites par les or- donnances de juillet, car l'article 14 de la charte lui donnait le droit de prendre seule les mesures néces- saires à la sûreté de l'État. M. Siméon l'avait dit avant, M. de Lafayette l'a reconnu après. Mais cet article 14 était un piége. Le mot de *parjure* fut pro- noncé contre le pieux Charles X, et ce mot, qui tran- chait par une insulte une question de légalité, se trouva dans la bouche du chef de la maison d'Or- léans, de ce prince comblé des bienfaits de la dynas- tie, et dont le devoir était de prêter l'appui de son influence et de sa position exceptionnelle aux lois fondamentales de la monarchie !

Nous ne voulons pas nier *la faute* des ordon- nances de juillet. Tout le monde l'a reconnu depuis, il fallait élargir la base électorale au lieu de la rétré- cir, et en appeler, d'un parlement de monopoleurs voués à l'usurpation, à la nation entière, qui ne voulait point de révolution. On suivit d'autres ins- pirations. Ces ordonnances, mal conçues dans les circonstances où l'on se trouvait, furent encore plus mal exécutées. Mais, nous le dirons du fond de nos convictions, cette faute n'est rien en comparaison de celles qui avaient été commises par Louis XVIII et Charles X lorsque le premier permit au duc d'Orléans de revenir en France après sa tentative pour se faire donner la couronne dans les Cent Jours ; elle n'est rien auprès de la violation des lois, par ces deux princes, pour créer à leur cousin rebelle cette position de richesse et de puissance qui le mettait de plain-pied avec le trône convoité par lui.

Et qu'on ne dise pas que les ordonnances de juillet rendaient inévitables la chute et l'expulsion de la dynastie. Ce n'était pas la première fois qu'un roi de France se trouvait en mésintelligence avec son parlement, et que son autorité était entamée par une insurrection triomphante.

N'avait-on pas vu dans la minorité de Louis XIV des milliers de barricades s'élever contre les troupes du roi, et la famille royale chassée de la capitale, qui resta livrée aux factions parlementaires ?

Mais le roi expulsé n'était pas allé plus loin que Saint-Germain-en-Laye, et, après une assez courte période d'agitation, des négociations s'établirent entre la cour et les parlementaires, dont chacun, selon le cardinal de Retz, *avait son traité dans sa poche.*

Il est donc probable qu'après les ordonnances Charles X et sa famille n'auraient pas été plus loin que Saint-Cloud (1) si une puissance occulte n'avait fait échouer les négociations déjà entamées entre le roi et les chefs de l'assemblée.

Nous tenons de M. Laffitte lui-même qu'après le retrait des ordonnances les députés réunis chez lui étaient disposés à se réconcilier avec la dynastie. M. le baron de Vitrolles, envoyé près d'eux par Charles X, avait rapporté les meilleures paroles, et l'on sait que, lorsque Louis-Philippe fut venu de Neuilly à Paris, ce n'est pas la couronne qu'on lui eût offert s'il n'avait pas dit ce mot qui changea l'insurrection en usurpation : « Surtout, POINT DE RÉGENCE ! »

C'est donc l'esprit d'usurpation qui a envenimé et dénaturé la crise de 1830, comme le même esprit avait faussé et vicié le beau mouvement de 1789.

Qui donc, en voyant les images dont Louis-Philippe s'entoura à son arrivée à Paris, en se rappelant les scènes de l'Hôtel-de-Ville, la parade sacrilége de l'église Sainte-Geneviève, ses promenades à pied dans les rues de Paris, ses poignées de mains, ses libations de tisane populaire aux fontaines am-

(1) Voir aux documents, n° V.

bulantes des quais, ses apparitions sur le balcon du Palais-Royal à chaque appel des passants, ses chants de la *Marseillaise*, son approbation chaleureuse donnée aux violences des insurgés, qui donc, demandons-nous, pourrait contester la vérité de notre proposition : *La révolution c'est l'orléanisme?*

## XVI.

Mais il y a un point que nous tenons à établir parcequ'il donne aux événements d'août 1830 leur véritable caractère, malgré les efforts qui ont été tentés depuis, par des hommes honorables du reste, pour le déguiser. Ces hommes ont dit que Louis-Philippe n'avait pas fait la révolution de 1830, qu'elle était le résultat des ordonnances, que le duc d'Orléans s'était dévoué pour en arrêter les excès, etc.

Nous soutenons, nous, que la chambre des députés n'a point fait la révolution, et que c'est précisément Louis-Philippe qui a donné pour dénouement aux événements de juillet la violation des lois fondamentales et la subversion des principes sociaux. Sur quoi se sont fondés les deux cent dix-neuf députés qui ont placé la couronne sur la tête du duc d'Orléans?

— Sur la vacance du trône ; ce sont les termes exprès de la décision législative rendue par la chambre des députés. Or, cette vacance du trône, qui l'avait faite ? Evidemment celui ou ceux qui avaient forcé le roi et sa famille à quitter le territoire ; car, tant que le roi et sa dynastie étaient en France, le royaume était troublé, mais le trône n'était pas vacant.

Les abdications de Charles X et de Louis-Antoine ne produisaient pas cette vacance du trône, puisque ces abdications étaient expressément faites en faveur du duc de Bordeaux.

Si donc la chambre des députés avait nommé roi Louis-Philippe quand le duc de Bordeaux était en France, cette assemblée aurait pris sur elle la violation de l'ordre de successibilité à la couronne, responsabilité qu'elle n'a pas acceptée, puisqu'elle a basé l'acte du 7 août sur le départ de la dynastie.

Il s'agit donc, comme nous l'avons dit, de savoir qui a fait partir cette dynastie.

On ne peut avoir à cet égard aucune incertitude. Un document officiel nous apprend que Louis-Philippe seul, agissant comme lieutenant général, sans le concours d'aucun pouvoir révolutionnaire, a dirigé sur Rambouillet une force militaire avec des commissaires chargés par lui de contraindre la dynastie à partir de Rambouillet et à s'embarquer à Cherbourg, où des vaisseaux furent envoyés pour la conduire en Angleterre.

Nous lisons en effet dans le *Moniteur* du 6 août une note officielle qui dégage parfaitement les deux cent dix-neuf députés de 1830 de l'expulsion de Charles X, et reporte le fait de cette expulsion sur Louis-Philippe d'Orléans.

Voici cette note du *Moniteur* :

« Charles X avait formé à Rambouillet un camp
« où s'étaient groupés autour de lui divers corps de
« la garde royale. On ne pouvait laisser subsister
« aux portes de la capitale une force armée qui ne
« relevait pas du gouvernement établi, et qui, par
« sa seule présence près de Paris, y entretenait dans
« la population un état d'irritation dangereuse; en
« effet, l'agitation augmentait d'une manière ef-
« frayante dans la capitale, et il y avait à tout instant
« *lieu de craindre que des masses populaires ne s'é-*
« *branlassent et ne se missent en marche sur Ram-*
« *bouillet.* (1)

_________________

(1) Ainsi ces masses ne s'étaient pas encore ébranlées, quoiqu'elles fussent très probablement fortement travaillées dans ce sens par le parti orléaniste.

« Le lieutenant général du royaume reconnut
« alors la nécessité de devancer le mouvement que
« la prolongation du séjour du roi Charles X à Ram-
« bouillet ne pouvait manquer de produire, afin de
« placer à sa tête des chefs qui, en le régularisant,
« prévinssent les excès qu'on aurait pu redouter. Il
« sentit même que ses sentiments personnels d'af-
« fection et de parenté lui dictaient les mêmes me-
« sures qui lui étaient commandées par ses devoirs
« envers la patrie, et surtout par celui d'arrêter l'ef-
« fusion du sang et d'empêcher les Français de
« s'entr'égorger de nouveau.

« Le lieutenant général se détermina donc à pren-
« dre à temps une détermination subite et vigou-
« reuse. IL ORDONNA AU GÉNÉRAL LAFAYETTE
« DE FAIRE MARCHER SIX MILLE HOMMES DE
« GARDE NATIONALE DANS LA DIRECTION DE
« RAMBOUILLET, *espérant que cette demonstration*
« *suffirait* POUR DÉTERMIVER CHARLES X A
« PRENDRE LE SEUL PARTI QUE TANT DE
« CIRCONSTANCES SE RÉUNISSAIENT POUR LUI
« FAIRE ADOPTER, CELUI DE S'ÉLOIGNER et
« de dissoudre le rassemblement dont il était en-
« touré. Mais aussitôt qu'on vit la garde nationale
« se préparer à marcher, le nombre de ceux qui
« s'y joignirent volontairement prit une telle ex-

« tension que quarante à cinquante mille hommes
« se mirent aussitôt en route avec cet élan qui carac-
« térise le peuple français dans ses entreprises : la
« rapidité, l'énergie de ce mouvement a prouvé tout
« ce qu'il peut LORSQU'IL EST D'ACCORD DE PRINCIPES
« ET D'ACTION AVEC SON GOUVERNEMENT. »

« Toutefois, en même temps que le duc d'Or-
« léans satisfaisait avec tant de résolution à ses de-
« voirs comme chef de l'État, il accordait tout ce
« qu'il devait au malheur et à la dignité de la France.
« Il désignait commissaires le maréchal Maison,
« M. Schonen et M. Odilon Barrot, pour se *transpor-*
« *ter* auprès du roi Charles X, et *veiller* à sa sûreté
« JUSQUES A LA FRONTIÈRE.

Quelle tendre sollicitude ! « Vous ne quitterez
« pas mes parents que vous ne les ayez vus em-
« barqués ; car jusque là je serais inquiet sur leur
« sûreté. » Telle est la recommandation que Louis-
Philippe fit à ceux qu'il chargeait de cette mission de
confiance.

Par malheur cette sollicitude reçoit un démenti
terrible par une autre recommandation faite au capitaine de vaisseau *le Great-Britain*, qui devait escorter jusqu'en Angleterre la famille royale expulsée.
Cet officier reçut de Louis-Philippe l'ordre de COULER
le vaisseau qui contenait les trois générations de rois

légitimes si ce vaisseau faisait une tentative pour revenir vers les côtes de France ! (1.)

Ainsi le régicide se dégagea une seconde fois de cette pensée d'usurpation qui avait causé la mort de Louis XVI. Louis-Philippe d'Orléans ne recula pas plus que son père devant la mort de son parent et de son roi. Les bienfaits de Louis XVIII et de Charles X tombant dans ce cœur desséché n'y avaient fécondé que le crime !

Nous faisons tous nos efforts pour contenir l'expression des sentiments que ces souvenirs nous inspirent. Nous ne voulons pas être accusé d'animosité et de passion en rapportant des faits authentiques, dont nous laissons l'appréciation à nos lecteurs. Notre éloquence, d'ailleurs, serait trop faible pour répondre au cri de l'honnêteté publique.

Nous nous bornerons donc à constater ce point

(1) « Quelques spectateurs attardés sur la rive suivaient de l'œil la fuite de ce navire (le *Great-Britain*, emportant Charles X hors de France) sur les flots, lorsqu'ils le virent se retourner tout à coup et reprendre avec vitesse la route du port. Etait-ce l'effet de quelque ordre violent donné par Charles X à l'équipage ? On l'aurait pu craindre ; mais tout. avait été soigneusement prévu: un brick, commandé par le capitaine Thibault, avait reçu l'ordre d'escorter le *Great-Britain* et de le couler bas, pour peu que Charles X eût essayé d'agir en maître. Cette prévoyance inexcusable ne fut pas justifiée par l'événement. Le vaisseau ne revenait que pour chercher des provisions de bouche, oubliées dans ce désastre de plusieurs générations de rois. » (Louis Blanc, *Histoire de Dix Ans*, tome I, page 462.)

historique très important pour la suite de ces études :
que c'est Louis-Philippe qui a chassé la dynastie et
amené ainsi cette vacance du trône dont l'Assemblée
a argué pour placer la couronne sur sa tête ; qu'ainsi
c'est bien l'usurpation qui, d'une crise parlementaire, a fait une révolution politique, laquelle n'avait
besoin que de durer pour devenir sociale.

En effet, une fois la légitimité violée dans la transmission du pouvoir, la légitimité de la propriété et
de la famille se trouvait virtuellement détruite.

Nous le prouverons dans les développements de
notre travail. Les théories anarchiques qui ont failli
perdre la civilisation ne datent pas de 1848 ; elles
datent de 1830.

Le socialisme est le fils de l'orléanisme.

Nous appelons en terminant les réflexions de nos
lecteurs sur l'évidence des quatre propositions suivantes :

1° Si l'opposition qui s'était formée contre le gouvernement de Charles X n'avait pas eu dans son sein
l'esprit d'usurpation personnifié dans le duc d'Orléans, le conflit de 1830 n'aurait pas été poussé jusqu'au refus de concours des deux cent vingt-et-un.

2° Si, après le triomphe de l'insurrection de Paris,
après le retrait des ordonnances de juillet et la nomination d'un ministère pris dans l'opposition libérale,

l'influence orléanisme n'avait pas dominé dans la chambre, cette assemblée se serait réconciliée avec le roi.

3° Si, après que le roi se fut retiré au château de Rambouillet, Louis-Philippe d'Orléans n'avait point dit : *Surtout, point de régence*, la chambre aurait reçu les deux abdications, et proclamé roi M. le duc de Bordeaux avec la régence de Louis-Philippe.

4° Enfin, si le duc d'Orléans n'avait pas envoyé les bandes insurgées à Rambouillet, avec des commissaires pour conduire Charles X jusqu'aux frontières, la chambre se serait arrangée d'une manière ou d'autre avec la dynastie, et nous n'aurions pas eu de révolution en 1830.

Par conséquent, point de république en 1848, point de danger de socialisme en 1852.

Le sang français n'aurait point coulé à flots dans les terribles batailles de juin, et la France aurait gagné en liberté et en prospérité tout ce que les factions lui ont fait perdre.


## XVII.


Les événements qui placèrent Louis-Philippe sur

ce trône objet de sa convoitise furent suivis de près par une tragédie de famille, épisode horrible et ténébreux du grand drame de 1830.

Nous voulons parler de la mort du prince de Condé.

Il n'entre point dans l'objet de cet écrit de produire les circonstances de cet épisode, et d'en tirer des inductions qui aient le caractère de vérités positives. Nous ne marchons dans notre travail qu'appuyé sur des documents authentiques et officiels. Il ne saurait nous convenir de donner nos opinions, quelque fondées qu'elles soient dans nos convictions, pour des faits et pour des jugements.

Nous tenons à ne rien dire qui ne doive emporter l'assentiment de nos lecteurs, qui ne les oblige à penser et à sentir ce que nous pensons et ce que nous sentons, malgré les passions et les intérêts que nos paroles peuvent froisser et révolter en eux.

C'est que nous n'écrivons pas pour les attaquer et pour les blesser. Notre unique but est de les conquérir à la France en les replaçant dans les sentiments vrais.

Dans l'épisode de Saint-Leu, la critique historique ne saurait nous servir utilement ; cette critique s'appuie sur les faits, et ici les faits ont besoin de l'enquête pour offrir une base solide. Cette enquête ne peut être entreprise avec succès que par la justice. Elle seule a les moyens suffisants de marcher d'un pas ferme dans la voie qui lui est indiquée par la rumeur publique, et, si la justice a passé une première fois à côté de cette indication, nous croyons impossible qu'elle ne répare pas cette faute. On ne dérobe pas à l'histoire des faits de cette importance morale et politique en les ensevelissant sous le couvercle d'un tombeau. Le moment approche, nous l'espérons, où toute la vérité sera connue sur l'horrible épisode de Saint-Leu. Ceux qui rameneront dans ce lieu la justice libre auront bien mérité de la France et de l'humanité.

Mais ce qui, dès aujourd'hui, est acquis à l'histoire, c'est que le prince de Bourbon-Condé était un des héros de la cause légitimiste ; c'est qu'il n'avait consenti à léguer ses biens apanagers à un prince d'Orléans qu'à la sollicitation de Charles X et de madame la duchesse de Berry.

Ce qui est acquis à l'histoire, c'est que l'usurpation de 1830 lui avait causé une indignation profonde ; c'est qu'il avait résolu de briser les chaînes indignes qui le retenaient en France ; c'est qu'il voulait aller rejoindre la famille royale détrônée ; c'est qu'il avait donné des ordres dans ce sens à ses officiers intimes ; c'est qu'il avait réalisé les fonds nécessaires à cet exil volontaire.

Ce qui est acquis à l'histoire, c'est que la femme dont les artifices l'avaient si longtemps subjugué voyait s'évanouir, avec son empire, les espérances de fortune fondées sur un testament qui pouvait être changé.

Ce qui est acquis à l'histoire, c'est que le juge d'instruction qui avait commencé l'enquête fut enlevé à ses fonctions.

En laissant à l'enquête judiciaire (1) le soin de porter la lumière dans les inductions qui naissent de ces faits, nous croyons rester dans notre rôle d'historien, et nous appelons le jugement des honnêtes gens de tous les partis sur la conduite tenue par Louis-Philippe et sa famille envers madame de Feuchères avant comme après la catastrophe de Saint-Leu.

On ne peut voir sans être révolté à quelle dégradation la convoitise d'un héritage conduisait un prince dont les veines contenaient le même sang qui avait animé le cœur de Louis XIV.

La baronne de Feuchères, admise dans l'intimité de la famille de Louis-Philippe, recevant les hommages et les bouquets de ce prince, les flatteries de la fille d'un roi de Naples livrée aux pratiques de la

______

(1) Voir, aux documents, la lettre de M. Pasquier et celle de M. le général de Rumigny.

religion et mère d'une famille où brillaient de jeunes et belles princesses ; cette réception cordiale se continuant quand la femme qui en était l'objet se trouvait sous la prévention d'un hideux forfait ! Quelle conjecture faut-il aborder pour s'expliquer cet oubli de toutes les lois de la morale et des bienséances dont aucune autre famille française n'aurait donné le scandale ? Comment comprendre que le tuteur du duc d'Aumale n'ait pas cru remplir un devoir en ordonnant une enquête sévère sur la mort du bienfaiteur de son fils et de son pupille, afin de venger cette mort si elle était le résultat d'un crime, et de réhabiliter l'honneur d'un prince de sang royal comme lui ?

Mais là ne finit pas le spectacle de dégradation qui nous est donné à l'occasion de cette horrible affaire. Le testament contenait un legs qui diminuait de quelque cent mille francs cet héritage de biens apanagers dont le dernier possesseur n'avait pas eu le droit de disposer.

Le duc de Bourbon léguait aux anciens officiers de l'armée de Condé le château de Saint-Ouen, pour qu'ils y trouvassent un asile dans leur vieillesse. Cette clause fut cassée à l'instigation de Louis-Philippe, et elle le fut comme *immorale !*

Ainsi la vertueuse susceptibilité du chef de la

maison d'Orléans trouvait immoral le legs fait par le dernier des Condé à ses compagnons d'armes ; mais elle ne trouvait pas immoral le legs fait à madame de Feuchères !

Pouvait-on heurter plus violemment la raison publique, et n'y avait-il pas dans cet acte quelque chose de cette dérision du vice impudent dont un comédien de génie a popularisé le type ?

Nous nous arrêtons pour ne pas être entraîné par les sentiments qui se pressent en nous hors de notre mission d'historien et de publiciste. Nous avons hâte de détourner nos regards et nos pensées de ce dégoûtant épisode, pour les reporter sur les conséquences politiques de l'usurpation de 1830.

# DEUXIÈME PARTIE.

---

## L'ORLÉANISME DEVENU GOUVERNEMENT.

---

### I.

Nous n'écrivons pas dans un esprit de récrimina-
tion et de haine contre un gouvernement que nous
avons combattu pendant dix-huit ans. Si nous avions
eu dans notre cœur des ressentiments pour les blessures reçues par nous dans cette guerre, ces ressentiments se seraient évanouis quand nous avons vu la
chute honteuse et la confusion de notre ennemi.

Mais, nous le déclarons devant notre pays et devant Dieu, nos attaques contre la branche d'Orléans ont toujours été exemptes de haine personnelle. Nous n'avons eu pour mobiles, dans notre lutte contre l'usurpation, que l'amour de la justice et du droit, que notre zèle ardent pour le bien de notre patrie et de l'humanité. Tels sont aujourd'hui encore nos sentiments. Les passions qui chercheraient dans ces articles des aliments préparés pour elles seraient déçues ; nous ne faisons point une œuvre de diffamation et de parti; nous tâchons de faire une œuvre de lumière et de raison en recherchant, en dévoilant le germe vénéneux qui, semblable au virus mêlé à un sang généreux, vicie toutes les forces du corps social, fait servir le principe de vie à entretenir et à développer une maladie dévorante, et qui, dans un grand siècle de travail national et de rénovation, change sans cesse le bien en mal et le progrès en révolution.

C'est donc une thèse d'histoire, de politique et de haute morale que nous développons. L'opportunité de cette thèse ne saurait être mise en doute quand la cause de perturbation qui a perdu le passé se conserve et s'agite dans le présent pour s'emparer de l'avenir; quand l'esprit d'orgueil, qui n'a pas permis à la France de revenir aux principes par la liberté républicaine, s'efforce plus que jamais d'absorber les hommes de principes, de les entraîner dans sa sphère d'action, de se les assimiler pour les faire servir d'instruments à des usurpations, à des perturbations nouvelles. Quand on est obsédé par des conseils de mariage, c'est bien le moins qu'on sache qui l'on veut vous faire épouser!

Il semblerait que notre thèse devrait s'arrêter à 1830, quand le fils de Philippe Égalité, ayant expulsé la royauté légitime, put mettre la main sur cette couronne objet de sa convoitise, réunir à son immense domaine privé les apanages de Condé et la liste civile des rois de France, avec tous les châteaux royaux et tout le matériel de la plus grande monarchie du monde; car cette date de 1830 nous montre en même temps la révolution s'asseyant avec lui sur le trône, portant dans ses flancs fécondés par le crime toutes les monstrueuses conceptions de sa nature infernale, depuis la tyrannie législative à trois têtes jusqu'à la tyrannie démocratique à mille têtes sans cervelle, depuis le doctrinarisme jusqu'au socialisme.

Mais si les images d'anarchie, de violence. d'impiété et de désordre qui ont accompagné et suivi l'usurpation de 1830 élèvent jusqu'au caractère de l'évidence la vérité de cette proposition : *La Révo-*

*lution* c'est *l'Orléanisme,* notre thèse, bien que prouvée, est loin d'être complète ; car il nous reste à montrer que l'orléanisme arrivé à la possession de toute la puissance française fit servir cette puissance non seulement à détruire en France la morale, la religion, la monarchie, les liens de famille, le respect de la justice et du droit, tous les principes, toutes les idées qui sont les bases et les conditions de l'ordre social et de la civilisation chrétienne, mais encore qu'il étendit ces terribles ravages dans l'Europe tout entière, et qu'il rendit inévitable, dans un temps donné, une commotion universelle, menaçant d'une subversion complète toutes les sociétés, tous les empires, toutes les familles, toutes les propriétés, toutes les existences.

C'est là certainement un grand et magnifique enseignement pour l'humanité. Comment ne pas admirer, en frissonnant d'épouvante à la vue de la puissance du mal, qu'une pensée de convoitise, suggérée par l'enfer et acceptée dans le for intérieur d'un prince du sang royal qui l'a transmise à son fils, ait pu, deux fois en moins d'un siècle, mettre la société chrétienne en péril de mort, arrêter le travail de la liberté humaine, et faire reculer la civilisation jusqu'au pouvoir militaire !

C'est cependant pour tous les hommes éclairés un

fait incontestable. On l'a vu en 1793 et en 1848. Quoi! la puissance morale de la France est si grande qu'un mouvement de cœur dans un prince français a pu changer la destinée du monde! Que n'auraient pas fait pour l'ordre européen Philippe Égalité et Louis-Philippe d'Orléans si le premier se fût associé au travail de réformation entrepris par le vertueux Louis XVI, si le second eût aidé Louis XVIII et Charles X à relever la France de ses chutes et de ses revers, et à la replacer à la tête des nations!

Quelle responsabilité terrible pour les princes de sang royal qui manquent à leur devoir! Quel compte ils devront rendre à leur pays, à l'histoire et à Dieu!

Nous demandons pardon à nos lecteurs de nous être laissé entraîner par ces réflexions hors de l'appréciation historique du régime de 1830.

Hâtons-nous de rentrer dans cet examen.

## II.

Nous avons fait remarquer, dans la première partie de cet écrit, que l'intronisation de Louis-Philippe avait été motivée par une déclaration DE VACANCE DU

TRÔNE, et nullement sur un acte de déchéance du roi et de la dynastie.

On entrevoit dans cette manière de réaliser le détrônement d'une dynastie le génie procédurier des hommes de 1830. Ils faisaient une sorte de légalité sur le papier en violant la légitimité dans l'institution monarchique. Ils feignaient de croire le trône vacant, et pourvoyaient d'urgence à la continuation du gouvernement. Ils s'autorisaient ainsi à bâcler en trois jours une charte, une pairie et une royauté, sans paraître porter atteinte aux lois qui réglaient la succession à la couronne.

Cette légalité fictive, observée par les *praticiens* révolutionnaires de 1830, ne fut alors ni comprise par les partis, ni même beaucoup remarquée par le public. Les passions étaient trop excitées par le fond de la situation pour faire attention à la forme sous laquelle l'usurpation se produisait.

Louis-Philippe, d'abord, ne parut pas prendre au sérieux cet artifice de procédure qui faisait de lui le successeur légitime de Charles X. Il avait, sous nous ne savons quelle pression de ses complices, permis l'insertion au *Moniteur* de la note officielle qui laissait sous sa responsabilité personnelle le fait de l'expulsion de la dynastie. Il comprenait que, sous le poids de ce fait, qui était toute la révolution, il lui importait peu que l'Assemblée se dégageât quand il restait lui-même compromis. Il cherchait donc son salut dans les forces vives de la révolution ; et, loin de songer à replacer la pierre de l'abîme, il aidait les esprits infernaux qu'il avait évoqués à briser cette pierre et à la détruire.

Mais telle n'était point la pensée des hommes vraiment politiques de son parti. Ces hommes savaient que la société, effrayée à la vue des saturnales du Palais-Royal et de l'Hôtel-de-Ville, ferait un immense effort pour se défendre contre l'anarchie, et, quoiqu'ils eussent concouru très activement à placer la France sous la domination du fait révolutionnaire qui l'écrasait, ils avaient compris qu'ils pourraient prendre sous cette phase nouvelle une grande importance, s'ils se présentaient pour aider la société à combattre les conséquences logiques de la révolution accomplie par eux.

C'est dans cette pensée, sans doute, qu'ils avaient voulu asseoir le trône de Louis-Philippe sur la fiction légale de la vacance du trône, se proposant de tirer plus tard de cette fiction d'autres fictions à l'aide desquelles ils repousseraient les réalités révolutionnaires et monarchiques qui leur disputeraient le pouvoir.

Cette fiction légale servit en effet de base à la prétention de *quasi-légitimité* qui se produisit bientôt dans la formule du *parceque Bourbon* opposée par les doctrinaires au *quoique Bourbon* des Jacobins ; et, bien que Louis-Philippe eût crié avec ces derniers, du haut du balcon du Palais-Royal : *Plus de Bourbons ! Il n'y aura plus de Bourbons !* il finit par adopter le thème préparé par *les doctrinaires*, qui sont les véritables auteurs de l'établissement du 7 août.

Il n'est pas inutile de faire connaître aux hommes de cette génération ce qu'étaient ces doctrinaires, inconnus dans nos premières révolutions, et qui jouèrent un si grand rôle dans les dernières.

Il s'était formé, sous la Restauration, une secte de métaphysiciens politiques et sophistes, qu'on n'avait vue à aucune autre époque et qui a dominé celle-là. Son caractère particulier était de nier les principes et les lois éternelles comme règle obligatoire des actions humaines, et de donner pour mobile légitime à ces actions l'impression des sens, la passion du moment, l'intérêt actuel, celui qui résulte du fait accompli, quel qu'il soit. Sa règle, dans la polémique, était de ne pas souffrir qu'on déduisît une idée d'une autre idée, qu'on raisonnât et qu'on agît d'après une maxime vraie ou fausse. Elle ne permettait aucun rapport entre les convictions et les volontés. Son travail était de matérialiser les faits en les isolant des principes, et, par conséquent, de détruire, autant qu'il était en elle, l'intelligence humaine, qui consiste précisément dans la vue de ces rapports, de ces générations de causes morales produisant des faits matériels. Cette secte n'avait pas, à vrai dire, la haine des idées ; mais elle semblait avoir horreur de leurs relations et de leurs développements. Elle n'interdisait pas les maximes générales ; seulement elle ne voulait pas que ces maximes générales eussent la moindre action sur les choses d'ici-bas.

Ce système de polémique, qui abaisse l'esprit humain en le faisant tomber du monde des causes dans le monde des effets, n'empêchait pas les docteurs de cette secte de combiner eux-mêmes profondément des idées vivantes avec des faits accomplis et des débris de systèmes, et d'établir ces combinaisons arbitraires sur leur table rase, comme ces oasis composées de palmiers et de ruines au milieu des déserts de la Nubie.

Tantôt on les voyait, téméraires ou outrecuidants, évoquant le mal pour qu'il leur ouvrît l'accès du pouvoir, et jouant avec les révolutions comme les enfants avec le feu ; puis, dans le pouvoir, politiques profonds formés à l'école des roués d'État de l'Angleterre, tordant les faits pour en exprimer la force, et employant cette force là où le sophisme était en défaut. Cherchant l'unité religieuse dans le christianisme philosophique, leur déisme reconnaissait volontiers, dans les affaires humaines, le gouvernement direct de Dieu sous le nom de Providence, ce qui ne les empêchait pas de lutter orgueilleusement avec cette Providence quand elle déjouait leur vaine sagesse par des coups inattendus, employant contre elle leur souveraineté législative (1) et opposant leurs *lois* à celles de Dieu.

Tels étaient, tels sont encore les doctrinaires de 1830 ; grands et superbes esprits que nous avons vus surpris et déconcertés comme de pauvres idiots quand il a plu à Dieu, en 1848, de les tenir en échec avant de foudroyer la Babel élevée par eux !

Les doctrinaires entreprirent donc d'escamoter sous leurs gobelets l'insurrection de juillet, afin de la métamorphoser dans la monarchie d'août, et de faire rentrer la révolution dans le sein de l'orléanisme, dont elle s'était dégagée.

(1) Voir le rapport de M. le duc de Broglie sur la loi de régence : « La main de Dieu s'est appesantie sur nous ; CETTE SAGESSE IN« FINIE, DONT LES VOIES NE SONT PAS NOS VOIES, a frappé la na« tion dans le premier né de la maison royale, et moissonné, dans « sa fleur, notre plus chère espérance. »

Il finissait en proposant une régence pour réparer par la sagesse humaine la lésion causée dans *la maison royale* par *cette sagesse infinie dont les voies* ne sont pas celles des doctrinaires.

Ils imaginèrent une histoire fabuleuse des événements de 1830, d'après laquelle le duc d'Orléans
aurait été arraché à sa retraite de Neuilly par les chefs
de l'assemblée, qui étaient venus le supplier de sauver la France en arrêtant une révolution causée par
les fautes de Charles X. Il avait fallu faire violence
à Louis-Philippe pour qu'il se laissât mettre la couronne sur la tête (1). On alla même jusqu'à faire dire
à quelques souverains étrangers qu'il ne l'avait acceptée qu'avec la pensée de la restituer à son légitime
possesseur. On répétait que les Bourbons de la branche ainée s'étaient rendus *impossibles*; que Louis-
Philippe était *le plus honnête homme de son royaume*;
que sa grande richesse était une garantie admirable
donnée aux hommes d'ordre; que *sa belle famille*
était un gage de stabilité et d'avenir; que tous les
honnêtes gens en France et en Europe devaient le
soutenir et l'aider à sauver la civilisation menacée.

Thème admirable, assurément, mais qui ne cadrait
ni avec la conduite de Louis-Philippe dans la première révolution, ni avec sa tentative dans les Cent
Jours pour se faire donner, soit par les jacobins de
France, soit par les souverains étrangers, la couronne
de Louis XVIII; ni avec sa protestation contre la

(1) Voir aux documents, n° V.

naissance du duc de Bordeaux, ni avec son travail de quinze ans pour réunir toutes les factions révolutionnaires au Palais-Royal, ni avec son mot : « Surtout point de régence ! » ni avec sa proclamation contre *le roi parjure*, ni avec la note publiée le 7 août dans le *Moniteur*, faisant connaître à la France que c'était lui, agissant comme lieutenant général, qui avait lancé les bandes insurrectionnelles de Paris sur Rambouillet, pour forcer la famille royale à sortir de France ; ni avec l'ordre donné aux commissaires de ne quitter cette famille qu'après l'avoir embarquée ; ni avec les instructions de l'amiral Dumont-d'Urville, pour qu'il coulât le vaisseau portant la dynastie légitime si ce vaisseau tentait de revenir vers les côtes de France.

Ce thème ne cadrait pas non plus avec les scènes de l'Hôtel-de-Ville et du Panthéon, avec la *Marseillaise* chantée sur le balcon du Palais-Royal, avec les promenades à pied dans les rues de Paris et les poignées de main distribuées aux chiffonniers, avec tous les emplois de l'administration et de la magistrature donnés aux jacobins et aux carbonari, avec tous les discours adressés aux députations révolutionnaires, avec toutes les proclamations, toutes les paroles, tous les actes du gouvernement nouveau.

Mais, nonobstant cette contradiction, qui, dans la

supposition la plus favorable, avilissait le caractère de l'usurpateur couronné, en accusant un défaut de franchise et une duplicité incompatibles avec la dignité d'un prince du sang royal, beaucoup d'honnêtes gens, nous aimons à le reconnaître, apportèrent le concours de leurs efforts pour aider les doctrinaires à élever un édifice monarchique sur la base qu'ils avaient créée, oubliant que cette base était mensongère, vaine et inconsistante par conséquent, et que cette honnêteté artificielle, donnée comme un vêtement royal au fils de Philippe Égalité, avait des trous innombrables qui laissaient voir sa nudité.

## III.

Avant d'examiner la direction donnée aux événements politiques par l'usurpation orléaniste, on nous permettra d'exposer en peu de lignes les raisons d'équité d'après lesquelles nous jugerons la conduite des hommes qui, par des mobiles divers, concoururent à soutenir et à faire vivre pendant dix-huit ans le gouvernement de 1830.

On a déjà pu entrevoir dans nos études précédentes trois éléments actifs que la justice ne permet pas de confondre :

Les jacobins, qui, après avoir conspiré contre la branche aînée, voulaient, à la faveur de l'usurpation accomplie, développer la révolution dans toutes ses conséquences ;

Les doctrinaires, qui, ayant participé aux efforts des premiers contre la royauté légitime, après avoir préparé et approuvé l'insurrection et consommé la révolution par les actes qui substituaient un roi élu à un roi héréditaire, voulurent empêcher ces faits de produire indéfiniment leurs conséquences désastreuses, et combattirent la seconde ligne de la révolution dans ses tentatives pour enfoncer et remplacer la première ;

Et enfin les hommes d'ordre, qui, sans avoir pris part à l'assaut de l'usurpation contre la légitimité, accoururent sur la brèche que cette usurpation avait faite pour la défendre contre l'invasion de l'anarchie, dans le seul intérêt de la société et de la civilisation menacées.

Il serait injuste et insensé de placer ces hommes sous le blâme qui doit couvrir les premiers et atteindre la conduite des seconds ; car si les jacobins ont agi d'après les instincts aveugles d'une nature pervertie, si les doctrinaires ont péché par ambition et par orgueil, les hommes d'ordre, les *conservateurs,* puisque c'est le nom qu'ils se sont donné, ne seraient

tout au plus coupables que d'une erreur de jugement, n'ayant pas compris qu'en voulant conserver
l'ordre social ils conservaient la cause de ruine qui
dissolvait la société.

Mais nous irons plus loin dans la défense de ces
hommes, nous dirons que cette erreur de jugement
était inévitable pour les moyennes intelligences placées sous la chaîne des intérêts matériels, à la suite
d'une révolution accomplie dans les hautes régions
du pouvoir.

Oui, nous estimons et nous honorons les véritables conservateurs, ceux qui, sans avoir pris part
aux complots de l'orléanisme, sont venus après 1830
défendre l'ordre matériel dans les assemblées, dans
la presse, dans la garde nationale, dans l'armée.
Nous n'avons que de l'admiration pour leur patriotisme, pour leur dévouement. Seulement nous regrettons que ce dévouement ait été appliqué dans
des conditions gouvernementales qui le rendaient
stérile pour la société et pour eux.

Nous prouverons par des faits qu'en dépit de
leurs bonnes intentions et de leurs héroïques efforts
l'usurpation de 1830 développait au dedans et au
dehors les germes de subversion et de dissolution
sociale qui étaient en elle, et qu'en soutenant l'orléanisme ils soutenaient en réalité la révolution.

Comment les efforts généreux des bons citoyens n'auraient-ils pas été frappés d'impuissance par les nécessités où ils étaient tous de reconnaître et de glorifier cette révolution, cette violation des principes et des lois, et l'insurrection qui l'avait produite, avant de pouvoir exercer la moindre action politique, avant d'être admis dans les élections, dans l'assemblée, dans les emplois publics de tout ordre, dans les plus infimes fonctions municipales?

En effet, sans parler du serment obligatoire à l'usurpateur couronné, et qui liait les électeurs comme les députés, les fonctionnaires salariés comme les fonctionnaires électifs, on employait l'influence de l'administration et du gouvernement à fermer l'accès de l'enceinte législative à tous les candidats qui ne prenaient point l'engagement tacite de soutenir toutes les fictions de nationalité, de liberté et d'honnêteté qu'on avait données pour base au nouveau pouvoir. Pas un discours qui ne commençât par un hommage à *la glorieuse révolution* et à ceux qui l'avaient faite, M. Guizot a subi cette condition comme M. Laffitte ; et le si honorable Casimir Périer, qui mourut sur la brèche faite par Louis-Philippe à l'ordre social, était forcé de prendre dans l'intérêt de la révolution les motifs de ses efforts gigantesques et infructueux pour en arrêter les développements.

Il s'ensuit qu'on fortifiait l'anarchie par la parole en la combattant par des votes. La tribune française propageait à l'intérieur et à l'extérieur ce feu de l'enfer, sorti du cœur d'un prince ambitieux, feu qu'il alimentait lui-même par les actes de son gouvernement !

L'orléanisme couronné ne pouvait rien contre la révolution, parcequ'il était la révolution. Aussi avait-on vu Louis-Philippe rendre hommage aux principes et à l'esprit révolutionnaires par la cérémonie du Panthéon, faire dresser des tréteaux dans une église profanée, y placer son trône entouré et décoré des insignes de 1793, y recevoir les députations de l'émeute triomphante, écouter les hymnes qui glorifiaient l'insurrection (1). C'est ainsi qu'un petit-neveu de Louis XIV voulut inaugurer son règne; c'est dans cette parade dégoûtante et sacrilége qu'il puisait la majesté de sa royauté usurpée ; c'est par ce mariage avec l'anarchie qu'il suppléait à l'alliance de la royauté et de la nation !

N'ayant pu consulter la France, qui assurément n'aurait point confirmé les mesures prises par deux cent dix-neuf députés sans droit et sans mandat national, puisqu'ils étaient le produit d'une élection

____

(1) C'est là que fut récité l'hymne de M. Victor Hugo ;
« Ceux qui pieusement sont morts pour la patrie. »

entachée par le cens à trois cents francs et par le privilége du double vote, il fallait à l'usurpateur couronné la sanction de la violence démocratique que ses pratiques avaient déchaînée.

Comment, après cet hommage à l'esprit de l'abîme, pouvait-il, sans provoquer le suzerain qu'il s'était donné, essayer de maintenir l'ordre matériel? Il ne le pouvait qu'à une seule condition : c'était de transporter dans le monde des idées les ravages qu'il devait empêcher dans le monde matériel, de livrer à la révolution les intelligences et les cœurs, afin qu'elle respectât la paix des rues. C'est toujours au prix d'un mal plus grand qu'elle renonce aux positions qu'on lui a données.

Aussi vit-on le nouveau régime placer dans les chaires de l'enseignement des professeurs d'impiété et de socialisme. Toutes les institutions fondées pour défendre la société servirent à l'attaquer et à la dissoudre. Le budget de l'Etat, la force publique et les tribunaux eux-mêmes protégèrent ce travail de dissolution qui se poursuivait dans l'Université, dans les journaux, dans les théâtres, dans les centres d'influence et d'action intellectuelle, fondés ou autorisés par l'administration publique.

Comment en aurait-il été autrement? Tout le personnel de la révolution était entré dans le gouvernement ; tous les hommes des sociétés secrètes, tous les démagogues, tous les esprits licencieux et corrompus avaient envahi les emplois publics ; les carbonari avaient passé de la sellette des prévenus sur le siége des juges, et les hauts emplois de la magistrature avaient été conférés à des hommes qui avaient juré sur des poignards haine à la légitimité sociale, personnifiée dans la légitimité politique.

On avait vu Louis-Philippe encourager et décorer le principe d'insurrection en envoyant l'étoile de l'honneur aux adolescents de l'Ecole polytechnique qui avaient commencé leur carrière de citoyens en tirant contre un gouvernement légitime l'épée qu'il avait reçue de lui.

Des décorations avaient même été envoyées à d'autres écoles, pour être décernées par les élèves eux-mêmes aux plus révoltés d'entre eux, et des grades de lieutenant dans l'armée avaient été accordés à des chefs de barricades en violation de tous les réglements militaires. Toutes les préfectures et sous-préfectures avaient été données aux écrivains, journalistes et avocats qui s'étaient fait distinguer par l'ardeur de leurs opinions anti-monarchiques et anti-religieuses ou par des actes de rébellion contre la force publique, et l'homme qui personnifiait en lui le principe d'insurrection démocratique, Lafayette, avait été investi du commandement général de la garde nationale de France.

La religion n'avait pas été plus respectée que la morale dans les saturnales de cette usurpation. Pendant que des pièces infâmes, jouées sur les théâtres, insultaient, calomniaient ce qu'il y avait de plus vénérable dans l'Eglise de France, l'archevêque de Paris était menacé par Louis-Philippe de voir le protestantisme devenir la religion du gouvernement si l'épiscopat n'apportait pas son hommage et son concours à l'usurpation. Plus tard, des croix furent abattues par l'ordre des préfets, avec l'appui de la force armée, sur des places publiques et même sur les tours de plusieurs églises ; partout de jeunes professeurs de panthéisme, nommés et salariés par l'État, jetaient dans l'esprit de la jeunesse les germes de l'impiété, de l'athéisme et de la révolte. Tous les faits violateurs de l'ordre social, toutes les paroles attentatoires aux grandes vérités morales qui sont la base de la civilisation, étaient couverts par la tolérance du pouvoir et de ses organes. Le *Journal des Débats* n'a-t-il pas dit, en rapportant le pillage et la démolition de l'archevêché, que *le peuple s'était fait justice ?*

Les livres les plus licencieux, les images les plus obscènes encombraient les boutiques des libraires et des marchands de gravures, et la pudeur publique offensée put seule faire cesser ces exhibitions, devant lesquelles passaient indifférents les commissaires de police et les magistrats de l'usurpation !


## IV.


Pendant que la révolution couronnée répandait ainsi les germes de mort dans les cités et dans les villages, les hommes attachés par leurs convictions aux principes conservateurs de l'ordre social étaient, sous le nom de *carlistes*, désignés à la haine publique et confondus par les ministres, par les orateurs et les journaux du gouvernement, avec les terroristes et les sacriléges. Pas une proclamation, pas un discours officiel qui ne lançât l'anathème « aux factions monarchistes et anarchistes. » A cette époque, la vertu, la morale, la piété, la fidélité aux principes sociaux étaient *carlistes*. Le malheur de la situation créée par l'usurpation orléaniste était tel qu'au nom de l'ordre matériel on flétrissait et l'on persécutait les défenseurs de l'ordre moral.

Tout ce que le gouvernement de Louis-Philippe put faire de plus héroïque pour la conservation de la société, ce fut de confondre dans une même réprobation les défenseurs du bien et les instigateurs du mal, en protégeant toutefois les doctrines du mal et en combattant les principes du bien.

Le résultat de l'usurpation orléaniste avait donc été d'établir au centre de la société, à la sommité du pouvoir public, une sentine de corruption morale et intellectuelle d'où sourdissaient perpétuellement dans la société française et dans l'Europe entière tous les poisons, tous les germes de révolte et de dissolution qui, renfermés naguère dans le cœur de Philippe Égalité, avaient déjà embrasé la France et le monde.

C'est sous l'empire de cette cause de mort, c'est dans ces conditions destructives de toute agrégation humaine, que les conservateurs de l'ordre matériel se trouvaient placés pour empêcher la révolution de produire ses dernières conséquences. Aussi quel supplice leur fut imposé pendant ces dix-huit années! Le rocher de Sysiphe, le fameux tonneau des Danaïdes n'étaient rien auprès de ce travail incessant pour empêcher un fleuve de couler, en respectant, en protégeant sa source. Il fallut descendre à chaque instant dans la rue, livrer des batailles rangées à l'insurrection, qui, voyant son principe couronné, s'irritait qu'on s'opposât à sa terrible logique.

Comment n'aurait-elle pas répondu aux appels qui lui étaient faits chaque jour du haut de la tribune et même du haut des monuments élevés par le pouvoir ? N'est-ce pas le gouvernement orléaniste qui avait placé à l'entrée de notre grand faubourg cette colonne en bronze glorifiant les deux insurrections triomphantes du 14 juillet 1789 et du 28 juillet 1830 ? Cette colonne n'était-elle pas surmontée de la statue de la Liberté ailée parcourant le globe du monde ? Ne fallait-il pas travailler à l'accomplissement de ce but de la glorieuse révolution, indiqué par Louis-Philippe et son ministre M. Thiers, en élevant cette colonne monumentale ?

Ceux qui s'opposaient par la force à cet essor triomphant de la révolution n'étaient-ils pas en opposition avec la pensée gouvernementale?

Bien plus, nous avions, lors de l'érection de ce monument, protesté au nom des intérêts de l'ordre contre cette *provocation en bronze* à la révolte et à l'anarchie; la *Gazette* fut condamnée pour cet article à la prison et à une griève amende. Les magistrats pensaient donc, comme nous aujourd'hui, que *la révolution c'était l'orléanisme;* qu'on ne pouvait attaquer l'une sans attaquer l'autre.

Comment le dévouement des hommes d'ordre n'aurait-il pas été frappé de stérilité sous cet odieux et infâme régime qui d'une main sonnait le tocsin de la révolte, et de l'autre lançait la foudre contre ceux qui accouraient à cet appel ? 9

Aussi les annales de ce régime nous montrent-elles à chaque page l'insurrection éclatant dans les rues de nos cités à toutes les occasions et sous tous les prétextes : troubles pour la plantation des arbres de liberté, troubles pour l'abattement des croix, troubles pour les obsèques du général Lamarque, troubles pour la lutte de la Pologne contre la Russie, troubles aux Vendanges de Bourgogne, troubles à Grenoble, à Nîmes, dans l'Ouest ; troubles à Lyon, et d'une telle nature qu'on a été sur le point d'écraser la seconde ville du royaume, pour que le gouvernement provocateur ne fût pas renversé.

Dévouez-vous donc, bons citoyens, honnêtes industriels, chefs de famille, hommes de paix et de travail, dévouez-vous pour maintenir l'ordre nécessaire à votre existence sous une famille dont la présence à la tête du gouvernement de la France a été et serait encore un appel à toutes les passions révolutionnaires, parcequ'elle n'a dû son intronisation qu'à la violation de tous les principes de l'ordre et de toutes les lois morales ; parcequ'elle a un lien terrible avec le fait principe qui depuis soixante ans tient l'humanité tout entière en état de bouillonnement et de fermentation !

N'était-ce pas déjà un très grand malheur pour la cause de l'ordre social que l'élément conservateur fût obligé, pour ne pas rester inerte, de commencer par reconnaître et par glorifier la révolution ? Ne devait-il pas résulter de ce seul fait, pour les hommes d'ordre qui le subissaient, un énervement fatal, une impuissance radicale que l'expérience de ces dix-huit années de lutte a malheureusement mis en lumière.

Cette impossibilité de contenir les passions anarchistes était encore plus manifeste pour les orléanistes de la veille, qui avaient déchaîné ces passions avant 1830 pour faire arriver leur prince au pouvoir.

N'y avait-il pas, pour leurs complices en insurrection, une sorte d'injustice relative dans les répressions et dans les condamnations dirigées contre eux par leurs anciens chefs, par les hommes qui les avaient recrutés ou embrigadés dans les sociétés secrètes ? Y avait-il une raison équitable pour que les adeptes s'arrêtassent dans la voie où on les avait fait entrer, parceque leurs professeurs en révolution étaient arrivés dans les grands emplois du gouvernement ? Cette injustice relative n'était-elle pas ironique et sardonique, et les hommes qui nous auraient reconnu, à nous hommes de principes et de légitimité sociale, le droit de les juger et de les condamner, pouvaient-ils, sans se révolter, se voir sous le coup d'une réprobation prononcée par des hommes souvent plus coupables qu'eux ?

Quoi qu'ils fassent et quoi qu'ils disent, les orléanistes ne pourront servir la cause de l'ordre que lorsqu'ils auront reconnu et abjuré leurs erreurs et leurs fautes, lorsqu'ils auront brisé leurs liens avec les personnifications  de la cause révolutionnaire. C'est alors seulement que les rangs des véritables défenseurs de l'ordre social pourront s'ouvrir pour eux, et que la *fusion* avec eux deviendra morale, utile à la société, honorable et possible.

## V.

Les impossibilités que les conservateurs rencontraient pour maintenir l'ordre matériel sous un gouvernement dont le principe, l'esprit, les paroles et les actes étaient un appel incessant aux passions révolutionnaires, ne se manifestaient pas seulement dans l'intérieur de la France. Il n'y a point de frontières dans le monde des idées. La société chrétienne a des affinités électriques qui font ressentir dans toute l'Europe les commotions dont la France est le centre.

Les souverains de l'Europe ne pouvaient donc tarder à ressentir chez eux les effets du triomphe de l'insurrection à Paris et de cette usurpation qui plaçait la révolution sur le trône de S. Louis dans la personne d'un prince d'Orléans.

Ils avaient reconnu d'abord cette usurpation, trompés par les promesses de Louis-Philippe, en croyant trouver des garanties dans le sang royal dont il était issu et dans l'intérêt que ce prince semblait avoir à refouler dans l'abîme les dangereux auxiliaires évoqués par lui.

Mais le génie astucieux de Louis-Philippe lui avait fait comprendre que la force infernale à l'aide de laquelle il s'était élevé au faîte du pouvoir lui était nécessaire pour le défendre contre la réaction universelle des idées morales, des principes d'ordre et des sentiments de justice et d'honnêteté qu'il avait blessés. Il avait donc résolu de se donner des alliés et des défenseurs en créant dans les Etats voisins des usurpations de famille appuyées, comme la sienne, sur les passions révolutionnaires, et qui, avec l'Angleterre, — cette reine des vents, déchaînant toujours les tempêtes sur le continent, afin de disloquer les vieux édifices, et d'introduire par leurs fissures ses poisons et ses cotons, — pussent former une ligue des usurpations du Midi contre les monarchies du Nord.

L'Espagne était alors dans une situation favorable

à la réalisation de ce plan. Ferdinand VII allait mourir, obsédé par une femme ambitieuse, nièce de Marie-Amélie, mère d'une fille au berceau, que la loi de succession excluait du trône. Il se laissa arracher des actes qui abolissaient la loi salique et déshéritaient de la couronne son frère don Carlos.

Louis-Philippe favorisa de son influence cette violation de la loi fondamentale, qui donnait la régence à Marie-Christine, et déchaînait la révolution dans la Péninsule ; quinze ans de guerre civile et d'affreux désordres, le royaume de Philippe V ouvert aux Anglais, dévoré et déchiré par les factions, des flots de sang répandus, des scènes épouvantables, des prodiges d'héroïsme rendus stériles par la trahison, des alternatives d'anarchie et de despotisme, et un peuple admirable livré à toutes les horreurs de la misère, telles furent les conséquences de cette usurpation de famille, protégée et probablement inspirée par la politique orléaniste.

Presque à la même époque don Pèdre, chassé du Brésil par une insurrection, vint demander un asile à Louis-Philippe. Il put organiser en France, sous la protection du gouvernement, des légions et une flotte à l'aide desquelles il expulsa du trône de Portugal son frère don Miguel, légitime possesseur de ce trône.

Louis-Philippe put donc contracter avec ces royau-

mes péninsulaires et la Grande-Bretagne cette *qua-
druple alliance* des Etats révolutionnaires du Midi
qui semblait offrir un encouragement et un appui à
l'Italie pour se lancer dans la carrière des révolutions.

L'influence de cette politique ne pouvait manquer
de se farie sentir dans la république helvétique. Des
révolutions démocratiques éclatèrent bientôt dans
toutes les villes de la Confédération, et le pouvoir
passa des mains des conservateurs dans celles des
plus ardents démagogues.

Tandis que Louis-Philippe employait ainsi les intrigues diplomatiques et la puissance de la France à
fortifier la révolution dans le midi de l'Europe, la
tribune parlementaire, d'accord avec les orateurs
officiels, lançait des provocations aux peuples du
Nord pour les engager, les uns à secouer les chaînes que la conquête leur avait imposées, les autres
à entraîner leurs gouvernements dans cette imita-
tion des institutions anglaises qui, n'ayant pas sur
le continent le contrepoids d'une aristocratie puissante et l'expansion de l'activité commerciale et ma-
ritime, devaient livrer ces peuples, déjà égarés par
une philosophie matérialiste et athée, à toutes les
pentes de l'esprit humain lorsqu'il s'est séparé de
Dieu et qu'il a brisé ses traditions.

Personne ne peut avoir oublié cette phrase stéréotypée dans toutes les adresses du trône à l'ouverture de chaque session : « *La nationalité polonaise ne périra pas !* »

La généreuse Pologne, réveillée par ces appels réitérés, a cru qu'elle pouvait trouver un appui dans la révolution de France. Elle a tenté un effort héroïque pour recouvrer dans une lutte suprême cette nationalité *qui ne devait pas périr*. Elle a succombé dans cette lutte après plusieurs batailles rangées, sans que le gouvernement envoyât un régiment ou une note diplomatique pour la soutenir ou pour la défendre, et quand le silence des tombeaux succéda au cliquetis des armes et aux cris des combattants, la révolution française en fut quitte pour dire par la bouche d'un ministre de Louis-Philippe : « *L'ordre règne à Varsovie !* »

Rappellerons-nous toutes les horribles conséquences de cette prédication instigatrice des séditions et des bouleversements politiques qui se faisaient en France sous le règne de Louis-Philippe? Orateurs et ministres, journaux officiels, magistrats et professeurs, tout en France parlait révolution à l'Europe, et les exemples parlaient encore plus haut que les hommes. Aussi que de désordres, que d'insurrections, que d'agitations sanglantes dans les grands et petits états du continent? Quel est le monarque, quel est le prince souverain qui n'ait pas senti son trône s'ébranler, qui n'ait pas surpris, dans les regards de ses parents et de ses proches, quelque étincelle de cette convoitise du pouvoir qui avait son foyer en France? Quelle colonne des empires est restée inébranlable sur sa base? et en descendant dans les moyennes et basses régions de la société, quel obscur bourgeois n'a pas conçu le désir de supplanter, dans ses influences sur la contrée, le baron et le chevalier? Quel paysan n'a pas pensé à posséder le champ ou le manoir du bourgeois? Quel manœuvre n'a pas jeté son mauvais œil sur la ferme du paysan?

Quels ravages ces passions envieuses, triomphantes et couronnées en France n'ont-elles pas causés dans toute l'Europe ; et comment toute la sagesse, toute l'activité, toute la fermeté des cabinets conservateurs auraient-elles pu ne pas se trouver impuissantes devant la force infernale de ces exemples et des prédications qui les propageaient et les appuyaient?

Il faut le dire d'ailleurs, pour mieux faire comprendre le danger de ces triomphes des révolutions dans un pays comme la France, l'infirmité humaine ouvre souvent dans les monarchies absolues un accès aux maux qu'elles ont tant d'intérêt à combattre.

L'Autriche n'est pas sans reproche dans les évé-

nements qui ont ensanglanté l'Allemagne, la Pologne, l'Italie et la Hongrie.

Un homme d'État qui présida pendant trente années aux destinées de cet empire s'était laissé séduire par une de ces idées qui se trouvent déçues par les faits, parcequ'elles ne sont point en rapport avec les lois divines qui régissent l'humanité.

Il avait voulu *immobiliser* les gouvernements dans l'époque de la plus grande mobilité des idées. Il prétendait maintenir la fixité à la surface quand le fond était travaillé par des courants contraires. M. de Metternich s'était exalté pour le *statu quo* jusqu'au point de donner toute la force des gouvernements monarchiques aux faits révolutionnaires qu'il n'avait pu empêcher de s'accomplir ; et c'est par suite de ce système qu'il soutenait l'usurpation de Louis-Philippe, ne devinant pas que la force monarchique servait ainsi à conserver ce qui devait la détruire.

Aussi la catastrophe qui fit tomber cette usurpation entraîna-t-elle la déroute du ministre autrichien, et, ce qu'il y a de pire, elle entraîna la monarchie autrichienne elle-même dans une ruine dont elle n'a pu se relever que par le secours de la puissance russe.

On le voit donc, l'usurpation orléaniste a été sur le point de perdre l'Europe, comme elle avait perdu la France.

## VI.

La Providence, qui a fait les nations gouvernables, n'a pas voulu que le plus grand nombre des intelligences pussent remonter aisément aux causes générales des faits qu'elles subissent, et même des souffrances qu'elles éprouvent. Tout au plus ont-elles la vue des causes immédiates ; et, quand une nation est dans l'état normal, cette vue lui suffit pour remédier aux accidents qui se présentent dans les institutions sociales.

L'action s'empare du temps dévolu à l'existence de l'homme sur la terre, la réflexion en obtient sa part s'il en reste. Les passions individuelles, les sollicitudes de la famille, le travail, les plaisirs, les soins, les devoirs de la vie sociale, les préoccupations des affaires privées nous captivent pendant que le cours des événements nous emporte à notre insu, et quand une aptitude particulière nous attire dans la politique nous y subissons cette pression des faits antérieurs qui nous pousse devant nous sans que nous osions, comme la femme de Loth, regarder en arrière.

Il s'ensuit que, sous un gouvernement fondé hors

des lois de l'ordre social, nous glissons vers les abîmes par la logique du mal. Cette logique nous donne sa force pour descendre de crise en crise jusqu'aux utopies dissolvantes amenant l'anarchie et la mort. Dans ce monde en état de chute, nous sommes tous forts pour suivre la pente, tous faibles pour la remonter.

Les efforts des conversateurs de France et d'Europe, sous le règne de Louis-Philippe, étaient donc mpuissants pour amener le triomphe du bien, parceque ces efforts se faisaient sur la pente du mal. On n'avait le pouvoir d'empêcher ou d'arrêter un désordre partiel qu'à la condition occulte de favoriser un plus grand désordre rejeté dans l'avenir. L'esprit de l'abîme dans ses pactes avec les passions et les faiblesses humaines n'accorde le repos du jour qu'au prix d'une plus grande souffrance le lendemain : il ne donne pas le temps, il le vend.

Toute l'activité sociale, engagée dans la révolution par l'usurpation, devait donc avoir pour *résultante* l'affaiblissement, la destruction de la société, avec le concours de l'intérêt de conversation. Vainement l'industrie, le commerce l'agriculture, le travail redoublaient d'efforts dans leur sphère respective ; vainement la garde nationale, l'armée, la marine, l'administration, la magistrature faisaient leur devoir, la puissance nationale déclinait. Vainement chaque rouage de système fonctionnait, la machine suivait une marche désordonnée et cahotique qui la détraquait.

Ainsi la prospérité publique était atteinte par l'aggravation des charges nécessaires au maintien de l'ordre matériel. Il fallait que l'armée fût mise, comme on disait alors, sur le *petit pied de guerre ou sur le grand pied de paix;* il fallait d'innombrables agents pour surveiller les partis et contenir les populations; il fallait des dépenses immenses en travaux d'embellissements pour enchaîner par le salaire les passions qu'on avait déchaînées; aussi le budget fut-il élevé presque subitement de neuf cents millions à quinze cents millions. Le fisc devint inquisitorial, orgueilleux, inhumain. L'impôt direct, qui, de tout temps en France, avait été déterminé par un chiffre réparti entre les départements et les communes, fut laissé à l'industrie chicanière des agents du Trésor, qui allaient chercher la matière imposable dans les derniers recoins du domicile des citoyens, mesurant l'air, la lumière et la vie au paysan et à l'ouvrier.

Et, malgré cette âpreté impitoyable du fisc, le déficit, d'abord dissimulé par la complicité d'un parlement de censitaires, déchira dans sa rapide croissance les voiles dont on le couvrait. Le désordre des esprits devait se faire jour dans les finances comme ailleurs. Toutes les réserves amassées par la sage administration de la Restauration furent gaspillées en quelques années, et l'amortissement, cet ingénieux mécanisme créé en même temps que les emprunts pour les dévorer dans l'avenir, fut jeté dans le gouffre du présent sans pouvoir le combler.

L'honneur national, cette autre richesse de la France, ne gagna pas plus que ses finances à l'usurpation accomplie en 1830.

Tantôt inféodée à l'Angleterre au moyen de l'entente cordiale, tantôt mise en dehors du *concert européen* quand il plut au cabinet britannique de détruire la puissance de notre protégé Méhémet-Ali, la politique orléaniste offrait à l'Europe, en 1840, cette image des rodomonts de la comédie italienne. Quels cris de guerre, quel fier langage pour finir par retirer la flotte française de la Méditerranée, pendant que la flotte anglaise allait bombarder Beyrouth et forcer la passe d'Alexandrie ! Quelle platitude devant les exigences pécuniaires des États-Unis ! Et comment rappeler sans rougir les ignobles satisfactions données à Pritchard pour nous avoir insultés et bravés dans une île de l'Océanie ?

Combien ne fallait-il pas que l'intérêt d'usurpation eût altéré le sentiment français dans le cœur de Louis-Philippe pour qu'on vît un petit-neveu de Louis XIV boire ce calice d'humiliation devant l'Europe entière ?

Hélas ! il faut le reconnaître, cette convoitise du trône qui avait servi de mobile à cette déplorable usurpation ne laissait de place à aucun sentiment élevé, à aucun souci de la dignité de la France. Nouvelle preuve de ce que nous avons dit ailleurs : L'usurpation tue la royauté.

Ainsi la France, sous ce règne, tombait dans l'abaissement et dans l'impuissance. Toutes ses forces étaient employées à se contenir elle-même sur la pente des révolutions. Les sources de sa grandeur se tarissaient ; elle employait à ne pas mourir toute cette énergie native qui naguère lui servait à dominer l'Europe. Objet d'effroi et de pitié pour les autres peuples, elle sentait la corruption gagner son cœur, et, l'imagination remplie des souvenirs de sa gloire, elle ne pouvait que se traîner vers des catastrophes inévitables. Elle avait une armée immense et pleine d'honneur, des populations ardentes, des talents innombrables. Tout cela se trouvait frappé d'inertie par les vices du régime qu'elle subissait.

Après avoir démontré le déficit de gloire et de dignité qui se manifesta sous ce gouvernement bâtard, devons-nous offrir aussi le bilan de la liberté, cet autre patrimoine des Français? Comment cette liberté cût-elle été possible quand les principes de destruction étaient dans la constitution même du pouvoir, quand il fallait, sous peine de mort, en combattre sans cesse les conséquences? Aussi, avec quel art perfide avait-on soudé les chaines de la presse par l'arbitraire législatif, le plus insupportable de tous. *Des attentats* inventés par la loi venaient s'ajouter aux délits que la raison détermine.

On avait promis la liberté; mais l'astuce en avait fait le despotisme. La Charte avait donné le jugement par jury; l'astuce en avait fait des commissions choisies par les préfets. On avait promis des institutions représentatives; l'astuce en avait fait un étroit monopole au moyen d'un cens d'élection réduisant les citoyens véritables à deux cent mille dans une nation de douze millions de contribuables!

Ces censitaires, travaillés par les séductions du pouvoir, par l'usure, par la corruption, par les intrigues des ambitieux, composaient ce qu'on appelait *le pays légal*. La France ne comptait pas; elle payait l'impôt, elle souffrait dans son génie, dans sa prospérité, dans sa dignité, dans son existence, et c'était *sa volonté exprimée,* disait la loi, *par la déclaration du 7 août* qu'on invoquait contre ses organes.

Ainsi tout était fiction dans ce régime : fiction de liberté, fiction de souveraineté, fiction de représentation nationale, fiction d'égalité politique, fiction de royauté ; on n'avait pour réalités que les souffrances morales et matérielles, qu'un arbitraire violent et insultant pour l'esprit humain, que l'abaissement du nom français et la dissolution de la société.

Et tout cela se passait dans un pays de franchise et de loyauté, qui aspirait à la vérité, à l'ordre et au bien par toutes les forces de son génie et de ses intérêts !

## VII.

Ce n'est pas seulement dans la logique des passions que les conservateurs trouvaient des obstacles incessants au rétablissement de l'ordre sous un gouvernement qui avait déchaîné ces passions.

La même impossibilité se rencontrait dans la logique des idées. La légitimité est un principe dont l'application est universelle. On la trouve dans la propriété et dans la famille comme dans la possession des droits politiques, comme dans la transmission du pouvoir. Tous les citoyens n'apportent-ils pas en naissant l'obligation morale de respecter ce qui est possédé par des moyens légitimes, c'est à dire par des moyens conformes aux lois humaines dans leur accord avec les lois divines? car le mot *légitimité* exprime cet accord entre la volonté souveraine d'une nation et la volonté souveraine de Dieu. La sagesse humaine consiste à connaître la sagesse divine, à s'y soumettre et à marier ainsi le temps et l'éternité.

La légimité universelle est donc l'idée la plus forte et la loi morale la plus élevée. Non seulement elle doit être respectée par tous les citoyens; mais c'est pour eux un intérêt d'existence de la soutenir dans le pouvoir pour qu'elle les soutienne dans la liberté. Lorsqu'ayant violé, ou laissé violer, les principes éternels ils apportent leurs biens et leur vie pour défendre seulement la loi humaine séparée de la loi divine, — c'est à dire quand ils abandonnent la *légitimité* pour la *légalité*, — ils se condamnent à des efforts incessants qui les enchaînent et absorbent leurs facultés. L'ancien monde nous montre des millions d'esclaves enchaînés à la meule parceque la science n'avait pas découvert les principes de l'hydraulique appliqués depuis dans la construction des moulins. En respectant ces principes, et en maintenant leur application par une surveillance attentive, un meunier libre fournit aujourd'hui à l'alimentation publique autant de farine qu'autrefois mille esclaves romains.

La légitimité, comme la justice, comme la raison et la vérité, comme toutes les idées générales, peut varier dans son application ; mais elle ne peut se scinder dans l'intelligence humaine. Elle y est tout entière, avec ses applications innombrables, ou elle n'y est pas. Assurément nous n'assimilons pas une nation à un domaine, une institution politique à une terre, et un trône à un fauteuil ; mais quand une institution politique est le résultat de l'accord des principes éternels et des lois humaines, il en résulte des droits positifs aussi respectables que ceux qui naissent de la propriété immobilière et mobilière, fondée aussi dans le droit naturel et réglée par les lois sociales.

Dans les monarchies héréditaires, où la transmission du pouvoir est établie par des lois raisonnables, c'est à dire par des lois puisées dans la nature des choses, dans la raison éternelle, la violation de ces lois dans le gouvernement entraîne leur destruction dans l'intelligence humaine ; car l'idée générale de légitimité étant éteinte, toutes ses applications possibles sont ébranlées dans les esprits, et par conséquent dans la société.

L'hérédité de la chaumière est menacée quand on viole l'hérédité du trône. Il n'y a pas un argument contre le pouvoir héréditaire qui ne condamne la propriété héréditaire, pas un argument en faveur de l'élection du pouvoir qui ne milite en faveur de l'élection du propriétaire.

Nous sommes donc fondé à dire qu'une usurpation par l'insurrection contenait virtuellement le socialisme et les jacqueries, et qu'une usurpation de famille contenait virtuellement la destruction de la famille.

Les faits viennent ici confirmer le raisonnement. N'est-ce pas sous le règne de Louis-Philippe que nous avons vu les sectes socialistes commencer leurs prédications publiques et poser les bases de leurs systèmes destructifs de la société? N'est-ce pas dans cette période d'une usurpation de famille, accomplie sur le trône par une insurrection triomphante, que les saints-simoniens et les fouriéristes ont osé saper les bases de la propriété et de la famille en proposant une organisation sociale fondée sur la communauté des biens et sur la promiscuité, et que M. Cabet a composé et publié son Icarie?

N'avons-nous pas vu dans nos cités, sous le règne de Louis-Philippe, les discipes de Saint-Simon promener leur costume bizarre, et ouvrir des chaires publiques dans lesquelles ils prêchaient le sensualisme et l'émancipation de la femme? N'avons-nous pas vu les phalanstériens attaquer la civilisation par une critique dissolvante, opposer le culte de la matière à la religion de la croix, et ces deux sectes vouloir atteindre cette religion par une nouvelle économie sociale? Ne sont-ce pas toutes ces utopies qui, en 1848, sont venues se disputer la France comme une proie, et ne se fondaient-elles pas sur la violation des principes et des traditions de l'ancienne société, sur l'altération des mœurs que l'usurpation et la révolution avaient produites?

La légitimité, avons-nous dit, ne se scinde pas; mais n'était-elle pas scindée quand, violée sur le trône et même dans les institutions électives où les droits de dix millions de citoyens étaient niés, on voulait la maintenir dans la possession des biens, dans leur transmission héréditaire, dans le mouvement des fortunes, dans les transactions du commerce, dans les rapports des citoyens?

La justice ne se scinde pas; mais n'y avait-il pas deux justices en France sous le règne de Louis-Philippe; une justice politique, où l'usurpation, où la spoliation, où l'astuce, la trahison et la félonie étaient glorifiées et protégées par les tribunaux, et une justice civile, où les mêmes faits étaient condamnés et punis, par les mêmes magistrats, avec toute la rigueur des lois?

Ces arrêts, qui se rendaient au nom de *Louis-Philippe*, *roi des Français*, n'étaient-ils pas une dérision sanglante, et ne pouvait-on pas dire que ce prince, en condamnant la spoliation de l'héritage de l'orphelin, l'abus de confiance, *la soustraction frauduleuse d'une chose non appartenante au soustracteur* (1), prononçait implicitement sa propre condamnation ?

Comment peut-on croire que cette dérision n'ait pas affaibli dans une société logicienne et intelligente les idées de justice, de propriété, le respect de l'autorité et des magistrats ? Comment les uns n'auraient-ils pas cru qu'il suffisait d'être puissant, d'être près du trône et abrité par lui pour se trouver au dessus du Code pénal ? Comment les autres n'auraient-ils pas pensé qu'une insurrection triomphante leur donnerait cette position inaccessible à la justice que les orléanistes avaient prise en 1830 ? Comment enfin une société livrée à de tels enseignements aurait-elle pu conserver *ces notions chrétiennes du juste et de l'injuste* dont M. Dupin se van-

----

(1) Code pénal, art. 379. Il faut remarquer que le Code pénal ne dit pas : La soustraction frauduleuse d'un champ, d'une maison, etc. Il dit la soustraction frauduleuse d'une *chose*, ce qui comprend une couronne aussi bien qu'un champ ou une somme d'argent.

tait récemment de s'être nourri pendant quarante ans dans sa carrière de jurisconsulte et de magistrat.

## VIII.

Aussi vit-on sous ce règne tous les esprits se porter vers les richesses avec une ardeur impétueuse qui ne permettait pas de soumettre les moyens au scrupule de la conscience. Tantôt les sociétés en commandite, fondées sur des valeurs imaginaires ou du moins follement exagérées, se multipliaient comme des chaussetrapes sur la route frayée jadis par le financier Law sous l'aïeul de Louis-Philippe ; tantôt les rois de la banque, soumissionnaires des chemins de fer, pompaient, à l'aide des actions à prime, tous les capitaux de l'agriculture et du travail industriel, réalisant dans leurs coffres les rêves de l'imagination publique, et ne laissant aux actionnaires que le positif toujours restreint des affaires humaines.

Avancerons-nous un fait hasardé en disant que ces actions étaient distribuées avec profusion aux hommes influents des deux assemblées et à leurs protégés ? Des débats solennels n'ont-ils pas donné à ce fait la notoriété du scandale? Que de ruines, que de misères, que de désordres dans les familles furent moissonnés dans ce champ des illusions industrielles! Quelles réactions amères contre le *macairisme* et le charlatanisme, contre l'agiotage, contre les *loups cerviers* de la banque et de la bourse! Jusqu'où ne remontaient pas ces plaintes d'une société troublée et corrompue par les exemples et les maximes de ses guides! Et n'était-ce pas, en effet, un ministre grave, un homme d'état important par son influence sur les affaires de ce temps, qui avait dit aux Français : ENRICHISSEZ-VOUS! du haut de cette tribune d'où ne devaient partir que des appels à l'honneur, au dévouement patriotique, à l'abnégation et aux nobles vertus dont se composait naguère le patrimoine moral de la France?

Et quel homme en France ne savait pas, malgré les lois rigoureuses qui enlaçaient la presse, malgré les jurys triés, malgré les procureurs généraux combattant la vérité avec l'épée de la justice, quel homme ne savait pas par quels moyens Louis-Philippe était arrivé sur ce trône objet de sa convoitise? Qui pouvait ignorer ce travail de quinze années pour ranimer, pour coaliser toutes les ambitions désordonnées, toutes les passions de parti, tous les mécontentements, toutes les haines contre ses bienfaiteurs et ses parènts ? Qui ne se rappelait ses manœuvres dans les Cent Jours pour se faire donner la couronne au préjudice de Louis XVIII, ses pratiques avec les jacobins et les carbonari pour se rendre impossible le gouvernement de la Restauration ?

Et quand bien même on aurait oublié une partie de ces faits qui avaient rempli l'atmosphère politique de la France pendant quinze ans, et que la révolution de 1830 avait mis en pleine lumière, ce prince lui-même n'en aurait-il pas ravivé le souvenir en employant, pour se maintenir au pouvoir, les moyens qui lui avaient servi pour l'usurper ?

Dans quelle basse région de l'humanité ne faut-il pas descendre pour trouver autant d'infamie qu'il en est sorti du cœur de Louis-Philippe dans l'affaire de M<sup>me</sup> la duchesse de Berry ? (1)

Cette courageuse princesse, liée par un mariage que des raisons politiques l'avaient forcée de tenir secret, avait tout bravé pour essayer de relever dans la fidèle Vendée la cause de la légitimité et du droit, la cause de son fils.

Louis-Philippe, ne sachant pas ce mariage, mais instruit par sa police d'une situation qui en était la

---

(1) L'on sait que c'est sur les pressantes sollicitations de la duchesse de Berry que Charles X accorda à Louis-Philippe le titre d'altesse royale, que Louis XVIII lui avait obstinément refusé.

conséquence, résolut de tuer par le déshonneur l'héroïne qui était venue planter le drapeau de l'honneur en face de son usurpation.

Le judaïsme lui fournit un nouveau Judas, digne instrument de cette pensée infernale, et qui, comme le premier, livra à prix d'or la retraite que la confiance lui avait ouverte.

Quel tableau ! Louis-Philippe corrompant Deutz !

La fille d'un roi de Naples, la veuve du duc de Berry, la nièce de Marie-Amélie, arrêtée par ordre de son oncle, conduite dans une citadelle sous la garde d'un général qui prêtait son concours à l'exécution d'un plan devant, dans sa pensée, entraîner le déshonneur d'une héroïque princesse, d'une femme ! l'obsession, la contrainte morale, les mesures outrageantes employées pour arracher un aveu qu'on voulait rendre mortel !

Le recours d'une nièce à sa tante décorée du titre de reine repoussé et divulgué ; enfin, toutes les tortures de la princesse prisonnière ; — toutes les tortures de la France, — ne cessant que par la divulgation forcée d'un mariage constaté dans un acte authentique ! voilà le drame de Nantes et de Blaye ! drame horrible, dont la passion de l'usurpation fut le ressort, dont la trahison et la violence furent les moyens, et dont la portée morale devait être que, pour s'élever ou pour conserver les grandes positions sociales, il faut mettre sous ses pieds tous les sentiments honnêtes, tous les liens de famille, tous les devoirs, toutes les convenances : il faut n'avoir ni cœur, ni conscience, ni pudeur, ni respect humain ! Belle morale en action, offerte à une société déjà ébranlée dans ses traditions d'honneur, dans ses idées du devoir ! Puissant secours apporté par les gouvernants aux idées de famille attaquées par les socialistes !

## IX.

Leibnitz a dit : *L'univers est tout d'une pièce comme l'Océan*. Cela peut se dire avec autant de vérité du langage, qui, dans son ensemble, représente nécessairement l'univers.

Seulement l'Océan est composé de molécules pareilles qui adhèrent entre elles par voie d'affinité, tandis qu'une langue est composée de mots divers admirablement ordonnés, dont les uns commandent les autres par une force divine entraînant l'intelligence et la volonté humaines, quand cette volonté s'est placée dans un de ces termes, qu'on décore du nom de *principes* parce qu'ils sont en effet *commencement* à l'égard de leurs conséquences.

Il n'est pas de phénomène intellectuel plus sensible pour ceux qui ont étudié la conduite des hommes politiques dans les grands mouvements de notre époque que cette force de la logique. On voit en effet les partis dominés par les principes faux obligés en quelque sorte de vouloir le mal que ces principes produisent, et même de concourir à sa réalisation par les efforts qu'ils font pour lui résister.

Cette force de la logique est telle qu'elle détruirait la liberté humaine si nous n'avions toujours un moyen de nous délivrer de la chaîne d'un mauvais principe. Ce moyen, c'est de nous placer dans un bon principe. Alors la logique qui nous perdait nous sauve; mais croire que nous arrêterons le mal en laissant notre volonté dans les principes du mal, chimère et folie! L'homme n'a point de force qui lui soit propre; il n'est fort que de la force divine, quand il veut la prendre où Dieu l'a placée.

C'est pour usurper cette force que les hommes de révolution travaillent avec tant d'ardeur à fausser les mots qui expriment des vérités morales. Quand ils sont parvenus à changer le sens d'un de ces mots, à l'approprier pour ainsi dire aux faits subversifs qu'ils ont produits, alors ils sont fiers et triomphants. Ils ont la vérité sous leurs pieds, et, le despotisme aidant, ils peuvent étouffer les protestations des gens de bien, les refouler eux-mêmes dans les cachots, laisser tomber sur eux ce mépris ironique de l'astuce victorieuse pour la duperie de la vertu.

Tout n'est pas fini cependant : quand un mot a été faussé, on est obligé d'en fausser d'autres, de les fausser tous. L'œuvre est grande, et la foudre ou les sifflets peuvent l'interrompre.

Voyons dans cette œuvre les doctrinaires orléanistes de la monarchie de dix-huit ans.

Dans le premier paragraphe du premier document officiel de l'usurpation, — la proclamation des députés en date du 31 juillet 1830, — on lit ces paroles :
« Un pouvoir USURPATEUR de notre repos menaçait à
« la fois la liberté et l'ordre. » (1)

La phrase, assurément, n'est pas correcte; mais plus le sens en est forcé, plus elle prouve la préoccupation qui dominait, dès ces premiers jours, les rédacteurs de la proclamation. Ils tenaient à jeter l'épithète d'*usurpateur* sur le pouvoir légitime. C'était un bon tour de l'esprit d'usurpation.

Un autre document, publié aussi dans ces premiers jours, donne au vertueux Charles X la qualifi-

_______________

(1) Voir aux documents, n° VII.

cation de *roi parjure*. Ce document est signé de Louis-Philippe d'Orléans. Ce mot de parjure était évidemment l'effet d'une préoccupation du même genre que celle qui avait dicté l'épithète d'usurpateur. Il y avait bien peu de jours que Louis-Philippe et Marie-Amélie avaient été visiter Charles X à Saint-Cloud. Là, si nous sommes bien informé, Dieu avait été pris à témoin de l'inviolable fidélité d'un parent sur le dévouement duquel *on pouvait compter à la vie et à la mort!*

Voilà donc Charles X *usurpateur et parjure* de par les députés orléanistes et Louis-Philippe ; ce qui laissait de leur côté la légitimité du pouvoir et le respect de la foi jurée !

Mais là ne se borna pas le fardeau d'iniquités dont on chargeait le roi proscrit.

Plus tard, on vit se développer dans les *Débats* cet ordre de raisonnements : L'insurrection est un crime contre l'ordre social, soit ; mais qu'est-ce que l'insurrection ? C'est le recours aux armes contre la loi.

Or, qu'a fait Charles X ? Il a employé les armes pour violer la Charte.

Donc, Charles X, usurpateur et parjure, était de plus un INSURGÉ, et ceux qui avaient pris les armes pour le renverser se trouvaient, sans le savoir, les défenseurs de l'ordre et des lois !

Donc encore, l'expulsion de la dynastie et l'intronisation du duc d'Orléans étaient justes et raisonnables, car la légitimité de la résistance s'était communiquée à tous les faits qui en avaient été les conséquences.

Est-ce bien cela, messieurs les doctrinaires ? N'avons-nous pas résumé dans ce peu de mots votre sophisme de dix-huit ans ? et n'est-ce pas encore sur ce *terrain* que vous prétendez aujourd'hui faire *la fusion ?*

Par malheur pour les habiles logiciens de la cause orléaniste, Lafayette, dont la foi républicaine n'avait pas besoin de ces subtilités sophistiques, détruisit ce syllogisme par sa base en déclarant à la tribune que « Charles X trouvait dans l'article 14 de la « Charte le droit incontestable de faire seul les lois « et ordonnances pour la sûreté de l'État. » Tant il est vrai que la vérité pénètre toujours par quelque fissure dans les *chambres* les mieux closes. Cette opinion de Lafayette ne faisait, au reste, que confirmer ce qu'avait dit Siméon quelques mois avant, en refusant au roi des mesures répressives de la presse : « L'article 14 de la Charte donne au gouver- « nement royal une force supérieure à tous les dan- « gers qu'il signale. » Remarquons en passant que cette déclaration de Siméon n'avait soulevé aucune contradiction dans la chambre.

Voilà donc comment les doctrinaires de l'usurpation conquirent la légitimité pour l'établissement de juillet. A la vérité, le canevas était faible pour la broderie révolutionnaire dont il était chaque jour surchargé. Mais on avait les tribunaux, les gendarmes, les geôliers et, au besoin, une armée de trois cent mille hommes pour le défendre.

Une fois la légitimité du pouvoir établie tant bien que mal, la logique autorisait tout ce qui se faisait pour la conservation de l'autorité ; mais, par malheur encore pour les sophistes de l'usurpation, la logique conduit inévitablement du faux à l'absurde, du paradoxe à la violence. A force de marcher *contre la vérité*, on en vient à des *contre-vérités* tellement choquantes que la raison publique s'en indigne et que, malgré l'impudeur des logiciens du mal, ils sont forcés de s'arrêter devant le scandale qu'ils ont causé.

C'est ce qui arriva dans l'affaire de la *flétrissure*.

Des députés légitimistes étaient allés à Londres rendre hommage au représentant de leur principe. Grand émoi dans le camp de l'usurpation ! Où en sommes-nous si des hommes introduits dans l'assemblée qui est censée représenter la France peuvent aller, entre deux sessions, saluer dans l'exil le rejeton de la tige royale qu'on croyait avoir coupée !

Ici la logique du bien consternait, épouvantait la logique du mal : si le jeune prince est la personnification de la monarchie vraie, nous sommes donc, aux yeux de la France et de l'Europe, les défenseurs d'une monarchie fausse ! S'il est un principe d'ordre et de stabilité, nous qui l'avons expulsé, nous sommes donc les défenseurs d'un principe de désordre et d'instabilité ! Si la royauté est à Belgrave-Square, nous n'avons donc aux Tuileries qu'une usurpation couronnée ; nous sommes des spoliateurs, des anarchistes, des instruments de perturbation et de révolution !

Il fallait donc, pour échapper à toutes ces déductions, pousser la logique du mal au-delà de toutes les limites de la raison universelle. Il fallut se hisser d'un degré dans l'orgueil de la force usurpée ; il fallait oser appliquer à des hommes venant de s'honorer par un acte de fidélité un mot employé dans la langue judiciaire pour marquer d'un stigmate de honte les vils malfaiteurs que la société dégrade en les punissant : le mot *flétrissure* était nécessaire.

Ce mot fut donc mis dans une adresse solennelle à Louis-Philippe : « La conscience publique FLÉTRIT « de coupables manifestations. » Ainsi parlaient des hommes qui avaient violé leurs serments en 1830 ; ils appelaient félonie la fidélité, pour faire oublier que leur fidélité à l'usurpation n'était que de la félonie.

Cette phrase, soutenue par les ministres de l'orléanisme, fut votée par la majorité, après une discussion dans laquelle, nous regrettons de le dire, un grand orateur ne se trouva à la hauteur ni de son talent ni de son devoir. Sa défaite, restée inexpliquée, fut, pour l'homme qui avait dirigé cette atteinte à la morale et à la vérité, l'occasion d'un triomphe que rien ne faisait prévoir et qui aurait été plus funeste si la France, qu'on avait fait parler, n'avait démenti la majorité menteuse en lui renvoyant, avec l'auréole d'un suffrage éclatant, les députés qui, à l'exemple de M. de La Rochejaquelein, en avaient appelé par leur démission au jugement de leurs concitoyens.

Ainsi le représentant de la vérité monarchique n'avait eu besoin que de s'approcher de la France pour mettre l'usurpation en péril, en l'obligeant à forcer le sens des mots jusqu'à blesser le sens commun des hommes !

## X.

Les embarras que les logiciens de l'usurpation rencontraient dans les protestations légitimistes n'étaient pas les seuls qu'ils eussent à combattre dans le développement de leur œuvre. Sans parler de leurs laborieux efforts pour neutraliser les conséquences des principes révolutionnaires reconnus et glorifiés par Louis-Philippe en 1830, ils eurent encore à se défendre contre toute une phase de la vie de ce prince qu'on avait entièrement oubliée, et qui se révéla tout à coup par la publication dans *la Gazette de France* de deux lettres autographes écrites sous l'empire, pendant la lutte de la France contre l'Europe coalisée. (1)

Dans ces lettres, dont l'authenticité était incontestable, — puisque, indépendamment de l'écriture et de la signature du duc d'Orléans, elles portaient, gravé en filigrane, le nom de la ville anglaise où le papier avait été fabriqué, et l'année de leur fabri-

_________

(1) Ce sont ces lettres que nous donnons authographiées à la fin du volume.

cation, — ce prince se déclarait pensionné par l'Angleterre, et annonçait l'espoir que l'armée française serait jetée dans la mer par les généraux de la coalition, et que la France serait envahie. On était bien loin de *Jemmapes,* et de Valmy, et de la *Marseillaise* et de tout le *chauvinisme* patriotique et révolutionnaire de 1830 !

Désavouer ces lettres n'était pas possible ; les laisser publier et propager par la presse, c'était ruiner le caractère de Louis-Philippe, c'était livrer ce prince à ce discrédit, à cette risée universelle toujours excitée par un défaut d'identité dans les personnalités politiques. Cependant faire un procès à *la Gazette* pour *attaque au roi* était un expédient dangereux ; car le procès aurait ajouté nécessairement au retentissement du fait incriminé, et d'ailleurs on se serait demandé comment, si les lettres par elles-mêmes étaient innocentes, leur publication pouvait être criminelle ; comme si, la publication des lettres étant criminelle, les lettres elles-mêmes ne l'étaient pas.

Il était difficile aux orléanistes de répondre à ce dilemme autrement que par l'emprisonnement et les amendes prononcés contre le journal révélateur.

Heureusement pour eux d'autres lettres, beaucoup moins authentiques, furent insérées quelques jours après par le journal *la France. La Gazette,* les ayant reproduites (1), fut condamnée à une amende de douze mille francs, et la prévention publique engloba dans cette condamnation les lettres vraies avec les lettres douteuses.

Les hommes des faits, quelque subtils qu'ils soient dans le sophisme, sont toujours obligés de se défendre par les faits. La force est la dernière raison des usurpateurs quand elle n'est pas la première.

## XI.

L'atteinte portée aux lois, aux traditions et aux mœurs nationales par l'usurpation orléaniste ne pouvait manquer dé causer un grand trouble dans ce sanctuaire de la conscience où la liberté de l'homme se lie, par la foi et par l'amour, à l'immuable sagesse de Dieu.

On vit dans les premières années qui suivirent l'intronisation de Louis-Philippe éclore partout *les*

---

(1) *La Gazette* ne reproduisit ces lettres que deux jours après leur publication dans le journal révélateur et lorsque le *Commerce*, organe du ministère, eut paru le lendemain sans *rien démentir*.

Le guet-apens dressé à *la Gazette* était flagrant! On voulut ainsi se venger des pièces authentiques que nous avions révélées quelques jours avant.

*cultes* les plus bizarres, depuis les Templiers qui, sous la direction d'un pédicure devenu le successeur de Jacques Molai, scandalisaient les chrétiens par des communions sacriléges, jusqu'aux *bousingots,* secte de danseurs et hurleurs qui croyaient recevoir directement le Saint-Esprit dans l'étourdissement des rondes effrénées. Il semblait que tout le monde voulût, selon l'expression naïve d'un Anglais, *se faire une petite religion pour son usage particulier. »* La force de l'esprit public finit par triompher de cette licence excentrique des idées ; mais des dommages plus profonds et plus durables furent portés à la religion catholique par la politique de Louis-Philippe.

S'il y avait quelque chose de constitutif dans la monarchie française, c'est que les membres de l'institution royale devaient professer la religion catholique ; c'est que les rapports du gouvernement temporel avec le chef de l'Eglise universelle, étant réglés par un Concordat, devaient assurer à l'Etat son action indépendante dans la politique générale et dans la législation et une part déterminée dans les affaires administratives du clergé, en même temps qu'ils laissaient aux antiques Eglises des Gaules leur existence propre sous le gouvernement spirituel du chef de la chrétienté, réalisant cette diversité dans l'unité qui est une des merveilles des œuvres divines.

Voilà bien, disons-nous, les faits constitutifs de l'établissement monarchique en France.

Nous ne défendons pas assurément les empiétements de l'esprit parlementaire sur les droits du gouvernement spirituel, encore bien moins les hérésies et les schismes qui sont nés de cet esprit; mais il est certain qu'une monarchie nationale, un gouvernement national quelconque, ne peut exister si les rapports des deux autorités spirituelle et temporelle ne sont pas déterminés et réglés d'un commun accord, comme il n'y aurait pas de liberté possible si les deux autorités étaient réunies dans le même pouvoir.

Or, qu'a fait Louis-Philippe de ces principes constitutifs reconnus et appliqués pendant tant de siècles par la sagesse de nos pères et par la sagesse de l'Église romaine ?

Il a fait entrer le protestantisme dans sa famille par trois mariages, témoignant ainsi entre tous les cultes chrétiens une indifférence philosophique qui n'est ni religieuse ni morale ; car si la tolérance est une vertu chrétienne, si l'Église catholique permet *les mariages mixtes* quand l'inclination mutuelle rapproche les cœurs que les croyances religieuses avaient séparés, ces mariages, recherchés par un chef d'État pour ses enfants, annoncent en lui une neutralité entre l'orthodoxie et l'hérésie qui ne se concilie pas avec le sentiment d'une religion positive, avec la foi dans la vérité catholique.

Cette neutralité, cette indifférence sceptique, ne saurait s'afficher sur le trône sans affaiblir cette foi dans les consciences.

Qu'est-ce donc quand on donne une princesse protestante pour femme à l'héritier présomptif de la couronne? Ne doit-on pas prévoir cette éventualité d'une régence toujours suspendue à côté de l'hérédité monarchique? et, dans tous les cas, l'influence d'une reine n'est-elle pas très grande sur le gouvernement de l'État?

L'histoire ne nous montre-t-elle pas cette influence ayant, en France plus qu'ailleurs, une part souvent désastreuse dans les événements qui ont troublé la société !

Les alliances protestantes formées par Louis-Philippe étaient donc une atteinte grave à la religion et par conséquent à l'ordre social. Le ciel n'a point béni ces mariages ; les trois enfants de Louis-Philippe qui les avaient contractés sont morts prématurément... Nous ne ferions point cette remarque si, dans la fin de cette usurpation, l'action de la Providence ne s'était pas manifestée d'une manière assez frappante pour qu'on puisse, sans être accusé de superstition, chercher cette action dans les feuillets de cette histoire où elle semble apparaître également.

En même temps qu'il affaiblissait ainsi la foi catholique par des exemples dangereux, l'intérêt de son usurpation le portait à sacrifier les limites respectives des deux pouvoirs spirituel et temporel, et à détruire toutes les traditions qui faisaient la force et la gloire de l'épiscopat français.

Ayant besoin de l'autorité spirituelle pour délier le clergé et les fidèles des serments prêtés à la monarchie légitime, il alla solliciter à Rome cette intervention de l'autorité pontificale dans les affaires intérieures de l'Etat, intervention qui avait été de tout temps contestée par nos rois les plus sages et les plus saints.

Il réveilla ainsi un esprit que nos institutions avaient eu pour but de contenir, et il brisa le lien qui attachait l'épiscopat et le clergé de ce temps à l'épiscopat et au clergé de tous les siècles de notre histoire.

C'est à la faveur de cette atteinte portée à l'unité traditionnelle de l'Eglise de France qu'on vit grandir ce parti laïque né du génie révolutionnaire de M. l'abbé de Lamennais, et qui avait pour secret la théocratie universelle déguisée sous les couleurs d'un zèle ardent pour l'autorité spirituelle, qu'on voulait rendre absolue, de tempérée qu'elle était.

Le parti théocratique, réorganisé sous la direction de M. de Montalembert, s'efforça de détruire dans l'esprit des peuples toute idée de légitimité politique, comme il combattit dans la constitution de l'Eglise toute idée d'autorité diocésaine, voulant concentrer dans le pape seul la plénitude du pouvoir spirituel et temporel.

Ce n'est point ici le lieu de mettre en lumière le travail de ce parti, les ravages qu'il a produits dans la société chrétienne et la part qu'on doit lui attribuer dans la perpétuité de notre état de révolution. Ce chapitre nécessaire de toute histoire contemporaine trouvera peut-être sa place ailleurs. Bornons-nous à rappeler que *le parti théocratique,* abusivement appelé *le parti catholique,* a été créé par la politique de Louis-Philippe, dont il s'est montré le constant auxiliaire; que ce parti dominait et conduisait l'Eglise de France sous le règne de ce prince, et que c'est par conséquent à l'orléanisme qu'il faut imputer les réactions attirées sur la religion et sur le clergé par cet auxiliaire de l'usurpation.

Y a-t-il dans l'histoire une image de désordre plus frappante que l'action de ce parti théocratique partant du même fait et du même pouvoir que l'action de l'Université révolutionnaire et sceptique; que ces deux puissances contraires, émanées de la même source, se disputant l'enseignement et, par lui, l'avenir de la société; suscitant des passions contraires; se donnant mutuellement des armes par leurs exagérations perturbatrices ?

Et quand on voit, à cette source des deux courants opposés, le voltairianisme couronné (1) mariant dans sa famille le protestantisme et le catholicisme, n'est-on pas effrayé de cette anarchie du gouvernement intellectuel d'un grand peuple? Conçoit-on que le désordre ait pu jamais être poussé plus loin qu'il ne le fut sous le règne d'un prince qu'on nous donnait pour le restaurateur et le conservateur de l'ordre ?

## XII.

Toutes ces causes de désordre que l'usurpation de 1830 avait mises en action dans la société auraient promptement amené sa ruine si elles n'eussent été combattues dans leurs effets par les conservateurs.

Trois phases se remarquent dans leur politique.

(1) Un courtisan de Louis-Philippe ne l'a-t-il pas appelé dans les *Débats* le *dernier des voltairiens?*

Dans la première, celle de Casimir Périer, on repoussait purement et simplement les tentatives anarchiques à mesure qu'elles éclataient. C'était la résistance au jour le jour, empêchant la révolution du tout renverser en lui barrant le passage ; tâche fatigante dans laquelle cet homme d'État, digne d'une meilleure cause, épuisa ses forces et sa vie.

Dans la seconde, celle de M. Thiers, on rendait la répression si terrible qu'elle effrayait pour un temps l'anarchie : « *Nous avons donné des ordres impitoyables.* » Ce mot, prononcé par M. Thiers lors de l'insurrection de Lyon, caractérise son système de résistance, système infernal quand on pense que M. Thiers favorisait, par l'esprit et par les actes du gouvernement, l'essor des idées révolutionnaires si violemment réprimées par lui.

Dans la troisième, celle de M. Guizot, on s'appuyait sur la nécessité du salut social pour élever le pouvoir d'un cran à chaque attentat réprimé ; et, comme la suppression des libertés conquises en 1830 augmentait les réactions de l'opinion, on amassait par cet engrenage des trésors de despotisme.

Il en résulta que la révolution, sourdissant toujours de l'usurpation, et toujours comprimée dans les rues, se trouva refoulée dans les intelligences et dans les cœurs, où elle causa d'affreux ravages. Combattue dans la vie politique, elle se réfugia dans la vie privée. Bientôt la société fut épouvantée par le nombre et la grandeur des crimes qui éclatèrent dans les familles et jusque dans les régions du pouvoir. Des faits de concussion et d'escroquerie, d'horribles assassinats vinrent prouver que la corruption gagnait les sommités du monde officiel. Un maréchal s'était fait payer le pot de vin d'un traité conclu au nom de la France; des décisions ministérielles avaient été vendues; un duc, écuyer d'*honneur* à la cour de Louis-Philippe, avait caché sous ses gants jaunes le sang de sa femme, qu'il venait d'égorger.

La cour des pairs, après avoir jugé l'émeute, semblait n'être plus occupée qu'à juger ses propres membres. Le peuple français, révolté par ces crimes d'en haut, frémissait comme jadis le peuple romain à la vue du cadavre de Lucrèce. Il semblait que la terre de France tremblait dans ses profondeurs pour renverser cet édifice d'iniquité qu'on avait élevé sur elle !

Dès lors on put voir que la fin de cet odieux régime était résolue dans les décrets de la Providence, et que la justice divine était sur le point d'éclater.

# XIII.

La catastrophe de l'orléanisme était d'autant plus aisée à prévoir que les avertissements qui, dans le gouvernement de Dieu, précèdent toujours la punition des coupables avaient été donnés, comme disent les gens de procédure, *en temps utile.*

Louis-Philippe, comme le Pharaon du temps de Moïse, avait été frappé dans *l'aîné de sa race ;* lui-même avait désigné ainsi le duc d'Orléans dans un discours à son parlement, indiquant pour la première fois que, dans sa pensée, son usurpation était héréditaire.

Ce jeune prince, en qui se concentraient les plus grandes espérances de sa famille et de son parti, était tombé d'une voiture peu élevée entraînée par des chevaux pris de vertige ; il s'etait tué en voulant se séparer de ce dangereux véhicule.

Les circonstances de cette chute, sur lesquelles la mort avait empreint sa solennité, donnaient à cet accident une signification extraordinaire.

L'avenue où se trouvait le prince avait pris dans les troubles de l'ancienne France le nom de Chemin

De la Révolte. Le prince de la monarchie des barricades s'était brisé la tête sur des pavés placés au bord de la route.

Ajoutons à ces images parlantes que sa mort faisait apparaître dans l'avenir de la royauté orléaniste une minorité probable ; en sorte que ces inconvénients d'un roi en bas âge, qui avaient servi de prétexte pour violer la loi de succession et spolier de ses droits le duc de Bordeaux, se reproduisaient dans la dynastie usurpatrice.

Ces mots : Point d'enfant, point de régence ! que Louis-Philippe avait prononcés le 31 juillet 1830, retombaient comme une ironie terrifiante sur son usurpation et sur son gouvernement.

L'opinion publique avait été vivement impressionnée de ces images et de ces souvenirs ; et il n'est personne qui n'aperçut dans l'ensemble de ces circonstances un esprit qu'on ne trouve pas dans les œuvres du hasard.

Les athées eux-mêmes s'en étonnèrent : quand une intelligence se manifeste dans des faits indépendants des hommes, il faut bien reconnaître Dieu.

Quelque matérialiste qu'on soit, il y a toujours dans le monde naturel des défauts de jointures par lesquels le naturel arrive à nous. Il y a toujours dans notre prison terrestre des lucarnes par lesquelles on aperçoit le ciel.

Qu'aurait fait un prince religieux en se voyant atteint dans sa maison et jusque dans ses entrailles par un glaive sur lequel la main de Dieu avait laissé son empreinte ? Il se serait couvert la tête de cendres, et, frappant sa poitrine, il aurait pris la résolution de réparer la faute qui avait attiré sur lui la colère céleste.

Telle ne fut pas la conduite de Louis-Philippe ; une seule pensée parut le préoccuper au milieu des douleurs que lui causait la perte de son fils la pensée de raffermir la foi dans la durée de son œuvre, dans la durée de son usurpation.

Cette pensée avait été aussi celle de tout son parti. Genoude, en annonçant dans *la Gazette* la fin tragique du duc d'Orléans, avait mis le mot *enseignement* dans son récit. Ce mot excita des cris de fureur contre lui ; ces cris prouvèrent qu'il avait touché l'orgueil de l'usurpation au vif de sa blessure.

Peu de jours après, la loi de régence avait été apportée au parlement orléaniste, afin sans doute de renvoyer à Dieu la leçon qu'il avait donnée !

Après quoi les passions dynastiques et révolutionnaires s'étaient remises à l'œuvre : les demandes de dotation princières, tombant sur l'assemblée comme ces puits de sauterelles dans les campagnes d'Orient, avaient prouvé qu'aucun des mobiles auxquels Louis-Philippe obéissait d'ordinaire n'avait été atteint par le coup qui avait percé son cœur.

Ce qui rend la mort du jeune duc d'Orléans plus remarquable au point de vue du gouvernement providentiel, c'est sa foi passionnée et aveugle dans la révolution. On a de lui un testament qu'il avait écrit avant de partir pour la dangereuse expédition des *Portes de Fer*. Voici les principaux passages de ce document, publié par sa famille :

« J'ai la confiance que, lors même que les devoirs
« d'Hélène vis-à-vis des enfants que je lui ai laissés ne
« l'enchaîneraient plus au sort de ma famille, le sou-
« venir de celui qui l'a aimée plus que tout au monde
« l'associerait à toutes les chances diverses de no-
« tre avenir et *à la cause que nous servons* . Hélène
« connait mes *idées ardentes et absolues à cet égard*,
« et sait ce que j'aurais à souffrir *de la savoir dans
« un autre camp que celui où sont mes sympathies*, où
« furent mes devoirs. C'est cette confiance, si plei-
« nement justifiée jusqu'à présent par le noble ca-
« ractère, l'esprit élevé et les facultés de dévouement
« d'Hélène, qui me fait désirer qu'elle demeure,
« sans contestation, exclusivement chargée de l'é-
« ducation de nos enfants.

« Mais je me hâte d'ajouter que, si, par malheur,
« l'autorité du roi ne pouvait veiller sur mon fils
« aîné jusqu'à sa majorité, *Hélène devrait empêcher
« que son nom fût prononcé pour la régence*, et désa-

« vouer hautement toute tentative qui se couvrirait
« de ce dangereux prétexte pour enlever la régence
« à mon frère Nemours, ou, à son défaut, à l'aîné
« de mes frères (1).

« C'est une grande et difficile tâche que de pré-
« parer le comte de Paris à la destinée qui l'attend ;
« car personne ne peut savoir dès à présent, ce que
« sera cet enfant *lorsqu'il s'agira de reconstruire sur*
« *de nouvelles bases une société qui ne repose aujour-*
« *d'hui que sur des débris mutilés et mal assortis de*
« *ses organisations précédentes.* Mais que le comte
« de Paris soit un de ces instruments brisés avant
« qu'ils aient servi, ou qu'il devienne *l'un des ou-*
« *vriers de cette régénération sociale* qu'on n'entre-
« voit qu'à travers de grands obstacles et peut-être
« des flots de sang ; qu'il soit roi, ou qu'il demeure
« défenseur inconnu et obscur *d'une cause à laquelle*
« *nous appartenons tous,* il faut qu'il soit, avant
« tout un homme de son temps et de la nation ;
« qu'il soit catholique *et serviteur passionné, exclu-*
« *sif* de la France *et de la r. volution.*

« Je suis certain que, tout en restant personnel-
« lement fidèle à ses convictions religieuses, Hélène

(1) On a vu, en 1848, si cette dernière volonté du duc d'Orléans
a été respectée par sa veuve.

« élevera scrupuleusement nos enfants dans la re-
« ligion de leur père, dans cette religion qui fut de
« tous les temps celle que la France a professée et
« défendue, et dont le principe est *si parfaitement*
« *d'accord avec les* IDÉES SOCIALES NOUVELLES, *au triom-*
« *phe desquelles mon fils doit se consacrer.*

« Hélène *sait que ma foi politique m'est encore plus*
« *chère que mon drapeau religieux ;* mes convictions
« étant après mes affections ce que j'ai de plus cher
« au monde, *je tiens à les léguer à mon fils*, non par
« le sot orgueil de me croire infaillible, mais par
« un sentiment profond de fidélité. »

On peut voir par ce testament politique combien,
dans la pensée du jeune prince, la cause révolutionnaire était profondément identifiée à la cause de
l'usurpation orléaniste. Cette remarque suffirait seule
pour justifier la proposition qui sert de titre à ces
études.

On voit aussi que ce prince avait pris très au sérieux cette cause révolutionnaire qui, pour son
père, n'avait été qu'un moyen d'usurpation, comme
le prouvent toute la conduite et toutes les paroles
de Louis-Philippe pendant l'émigration, et notamment sa lettre aux Espagnols lorsqu'il sollicitait le
commandement de l'armée de Catalogne, pour combattre la révolution en France.

Sous ce rapport, le caractère du jeune prince est plus estimable que celui de son père ; mais sa simplicité ne se montre qu'aux dépens de son intelligence.

Qu'était-ce pour lui que la révolution ? Il ne s'en faisait pas une idée bien nette. C'était *une régénération sociale,* entrevue à travers *des flots de sang.* Ce ne pouvait être pour lui ni la liberté ni l'égalité politique, car tout le parti révolutionnaire arrivé au pouvoir en 1830, avec la maison d'Orléans, avait monopolisé les droits politiques et faisait la guerre à la liberté. Qu'était-ce donc ? C'était la réalisation par la violence de ce qu'il appelait *les idées sociales nouvelles.*

Ce qui prouve encore que le socialisme révolutionnaire était caché dans les profondeurs de l'orléanisme.

Ce socialisme vague, indéterminé, était en réalité la religion du fils de Louis-Philippe ; il l'appelle SA FOI politique, tandis que le catholicisme n'est que SON DRAPEAU, retournant ainsi le sens raisonnable de ces deux mots.

Et encore le catholicisme n'est-il accepté par lui que parcequ'il croit y voir, par une interprétation pareille à celle des Mazzini, des Lamennais et de quelques autres sectaires, un accord de principes avec *ces idées sociales nouvelles* au triomphe desquelles il s'est voué.

Il veut que son fils soit élevé dans ce culte, dans cette religion révolutionnaire, et qu'il soit, ainsi que lui, un serviteur exclusif et *passionné* de la révolution. C'est, en réalité, *sa passion* qu'il lègue à son fils par testament.

Il est impossible de ne pas voir dans ce document l'œuvre d'un prince de peu de jugement, ayant, comme il le dit lui-même, *des idées ardentes, absolues,* mais non soumises au contrôle de la raison ; des convictions non éclairées, des sentiments et des facultés mal en ordre, enfin ce dévouement dans le faux qui fait les fanatiques en politique comme en religion.

Cette révolution, à laquelle le duc d'Orléans s'était donné corps et âme, devait, quelques années plus tard, dégager de son sein *les idées sociales nouvelles* qu'il entrevoyait, et faire couler des flots de sang. Aurait-il, s'il eût vécu, changé le cours des événements ? Aurait-il prêté l'appui de son influence et de son épée à ses amis devenus *le parti de l'ordre,* pour repousser l'invasion de ces idées auxquelles il avait légué son fils ?

Nous ne le croyons pas. Il était trop *ardent,* trop *absolu,* trop *passionné* dans son attachement *à la cause* révolutionnaire, pour empêcher cette cause de produire ses effets. La révolution, dans tous ses développements, aurait donc eu en lui un auxiliaire de sang royal ; et, en attendant qu'elle l'eût dévoré, quelle force et quelle extension n'aurait-elle pas trouvées dans l'énergie aveugle des convictions auxquelles le fils de Louis-Philippe s'était livré !

C'est sans doute pour éviter à la France et au monde l'aggravation de maux qui serait résultée du fanatisme révolutionnaire de ce jeune prince qu'il avait été frappé. C'est l'avenir de l'usurpation et de la révolution que la Providence avait détruit en lui, en même temps qu'elle sommait Louis-Philippe de revenir à ses devoirs de chrétien et de prince français, en lui montrant la ruine de ses combinaisons et la chute de sa race dans LE CHEMIN DE LA RÉVOLTE.

## XIV.

On en était, en 1848, à cette page de l'épopée divine où le coupable couronné, averti par un châtiment qu'il avait refusé de comprendre, endurcissant son cœur et s'élevant de plus en plus dans son orgueil, allait être confondu, terrassé, anéanti aux yeux du monde, afin que le peuple, troublé dans sa conscience et dans sa foi par les succès de l'iniquité, se réconciliât avec Dieu en voyant éclater sa justice.

C'est donc le plus grand, le plus magnifique des spectacles que nous allons contempler : nous verrons la foudre du ciel tombant sur la Babel révolutionnaire, et frappant l'usurpateur au faîte de sa puissance.

Nous verrons concourir merveilleusement dans cette catastrophe de l'orléanisme et la logique, et la loi du talion, et les mouvements de la colère publique ; car Dieu n'agit que dans la logique qui est sa sagesse ; il exerce sa justice selon les lois qu'il a faites ; et, pour frapper les violateurs de ses lois, il puise indifféremment son tonnerre dans l'électricité du peuple ou dans l'électricité de la nue.

Nous verrons toute la force militaire de l'usurpation tenue en échec par une main invisible : des princes jeunes et braves ne pouvant tirer l'épée pour leur cause ; les habiles, les roués, les hommes d'expédients, les prétendus sages de la révolution, ne trouvant plus aucune ressource dans leur génie et dans leur astuce ; les guerriers les plus illustres paralysés dans leur dévouement ; l'indécision, l'incertitude régnant dans les conseils de Louis-Philippe, enfin la fuite, la dispersion, la déroute de cette puissance inique ; et Dieu semblant se complaire à écrire sa pensée et sa justice dans toutes les circonstances les plus minutieuses du châtiment qu'il infligeait.

Voilà les grands traits de ce drame dont nous allons dévoiler les ressorts secrets.

Nous éleverons jusqu'à l'évidence une vérité importante pour l'histoire et pour la thèse qui est le sujet de cet écrit :

C'est que la RÉVOLUTION DE FÉVRIER 1848 EST SORTIE DE L'ORLÉANISME, non pas seulement par les relations qui existent entre les principes et leurs conséquences, mais encore par les développements naturels de l'esprit d'usurpation enfermé dans une famille et dans un parti, tendant à se servir toujours de la révolution pour déplacer le pouvoir, et à produire sans cesse des usurpations dans l'usurpation.

Et comme le gouvernement providentiel devait apparaître avec la raison des choses, ce fut le mot RÉGENCE, dans lequel s'était résumée en juillet 1830 la volonté spoliatrice de Louis-Philippe, qui fut le mot déterminant et *pivotal* de sa catastrophe en 1848.

M. Guizot régnait depuis six ans dans le conseil et dans le parlement de Louis-Philippe. La durée de ce ministère excédait la mesure de patience des ambitions laissées par lui en dehors du pouvoir ; et l'on doit concevoir que, dans le parti de l'usurpation, les hommes qui sentent en eux des aptitudes gouvernementales ne se résignent pas à attendre que le cours régulier des affaires rendent leur concours indispensable au chef de l'État. Ces hommes-là ne se refusent pas la satisfaction de s'aider eux-mêmes, de rapprocher d'eux le pouvoir qui s'en est éloigné, et d'ébranler la maison dont on leur refuse l'entrée.

Ce que Louis-Philippe, assisté par eux, avait fait pour renverser Charles X, il n'y avait pas de motif pour qu'ils ne le fissent pas contre Louis-Philippe lui-même ; ils avaient ensemble écarté la dynastie qui se trouvait entre eux et l'avénement de la branche cadette ; ils devaient vouloir écarter la royauté qui se trouvait entre eux et une minorité favorable à leur ambition. L'esprit de l'usurpation, la moralité de l'usurpation, les moyens de l'usurpation devaient se retrouver, après dix-huit ans, dans le parti de l'usurpation. Cela était dans l'ordre du désordre, dans la logique du mal, dans la raison des passions ; car l'ordre, la logique, la raison des actes humains se montrent partout sur la terre, excepté à Charenton.


## XV.


Parmi les instruments de destruction dont Louis-

Philippe s'était servi pour faire tomber jusqu'à lui le trône où il voulait s'asseoir, aucun n'avait montré une intelligence plus vive des moyens à employer dans ce but, un esprit plus hardi et plus souple à la fois que M. Thiers. Formé à l'école de Talleyrand et de Laffitte, il avait dérobé à l'un sa rouerie diplomatique, à l'autre cet *art de grouper les chiffres* qui est la science des financiers modernes. Il avait incarné en lui le génie de la révolution, en écrivant son histoire. Il avait étudié les ressorts cachés à l'aide desquels on remue les masses sans se mettre en contact immédiat avec elles. Habile à produire les prestiges et les diversions, et à donner le change à l'opinion pour réaliser les escamotages de pouvoir, il soulevait, il exaltait la révolution dans la région des causes, espérant la gouverner dans la région des faits; il l'aimait comme le marin aime la mer, où sa science nautique se déploie, comme le *smogler* aime les tempêtes, qui favorisent sa contrebande.

Il avait trop d'esprit pour ne pas voir que la forme monarchique était la seule qui pût conserver la révolution en France, et que la royauté orléaniste était le seul gouvernement monarchique qui pût la développer en la contenant. Il craignait la démocratie, non parcequ'elle aurait tué la société, mais parcequ'elle devait tuer la révolution. Nous disons qu'il la craignait, ce qui ne l'empêchait pas de la caresser, de la susciter quelquefois lorsqu'il avait intérêt à le faire.

Il avait écrit en 1830 dans le *National :* « Nous « passerons le détroit pour trouver un gouverne- « ment qui nous convienne ; et, si nous ne réussis- « sons pas, *nous passerons l'Atlantique.* » Il avait dit depuis, dans une de ces révolutions ministé- rielles qui l'avaient expulsés des conseils de Louis- Philippe : Je rentrerai *par la brèche !* » Et plus tard, quand il avait vu le système conservateur de M. Gui- zot se développer malgré son opposition, il avait jeté cette parole du haut de la tribune : « J'ai amarré mon « navire sur un haut promontoire, où la mer, en « montant, viendra le soulever. »

La témérité et la présomption qu'il avait puisées dans un sentiment exagéré de sa valeur politique le firent tomber dans les plus terribles mécomptes.

Il a été dans sa destinée d'élever deux monuments évoquant deux idées qui se sont trouvées plus fortes que lui : l'idée de l'insurrection révolutionnaire et l'idée napoléonienne. Il a placé la liberté ailée sur la colonne de la Bastille, et rétabli la statue de Bona- parte sur la colonne de la place Vendôme.

La république de 1848 est sortie de l'un de ces monuments ; le 2 décembre est arrivé par l'autre. La première l'a chassé et méprisé ; le second l'a arrêté et exilé.

Orateur brillant, chef du cabinet, jamais il n'a pu élever sa personnalité à la hauteur des positions qu'il a occupées, ni se faire accepter comme un homme d'État, même quand le gouvernail de l'État était dans ses mains. C'est que l'habileté humaine, lorsqu'elle s'exerce hors de la morale, n'est que la ruse et l'astuce. Il y a une chose que les intrigants ne peuvent usuper, c'est la gravité.

M. Thiers avait puisé dans l'histoire d'Angleterre une idée qui est comme la clef de toute sa conduite politique. Aussi ambitieux que Bonaparte, il ne demandait pas, comme lui, aux révolutions la gloire d'être le titulaire du pouvoir suprême ; mais il voulait arriver à exercer les réalités de ce pouvoir sous un chef de sang royal. Il avait dévoilé ce but de son ambition dans le *National,* en 1830, lorsqu'il combattait à outrance le droit de Charles X à prendre ses ministres hors de la majorité. « Nous ne voulons pas « de révolution, disait-il, mais nous obtiendrons ce « que possède l'Angleterre : *des dynasties de minis-* « *tres d'sagréables au roi.* » Il exprimait ce but par cette formule : LE ROI RÈGNE, ET NE GOUVERNE PAS.

Deux fois ministre sous Louis-Philippe, il avait eu, comme on peut le croire, peu de souci de se rendre *agréable* au chef qu'il avait placé sur le trône; et il s'efforçait de mettre sa maxime en pratique, ne laissant *au roi* que *le règne*, et prenant, sans le consulter, les mesures de *gouvernement* les plus importantes et les plus graves. Il avait été jusqu'à ordonner l'intervention armée en Espagne sans en informer ni ses collègues ni Louis-Philippe, et il avait fallu envoyer un contre-ordre aux troupes, déjà ébranlées pour franchir les frontières.

Éconduit du ministère par un prince qui n'avait pas convoité et usurpé le titre royal pour le mettre dans le portefeuille d'un secrétaire d'État, et qui n'entendait pas laisser à un autre la conduite du vaisseau sur lequel il était embarqué avec ses richesses, M. Thiers comprit que son idée favorite n'était pas plus réalisable sous Louis-Philippe qu'elle ne l'avait été sous Charles X ; et c'est de ce jour, à ce que nous croyons, qu'il conçut le projet de conduire le chef de la maison d'Orléans à une abdication forcée, et de faire proclamer régente M^{me} la duchesse d'Orléans, espérant exercer sous une femme cette plénitude du pouvoir que l'âpreté gouvernementale d'un vieux prince ne lui avait pas permis de s'approprier.

Ainsi il abandonnait le rôle de Pitt pour celui de Mazarin ; avec cette différence que ce dernier n'avait pas altéré et ruiné d'avance, par une insurrection, cette autorité royale qu'une minorité avait placée dans ses mains...

## XVI.

Ici nous sommes amené à parler d'un autre personnage qui a bien aussi son originalité, et que des motifs de la même nature rendaient l'auxiliaire obligé du plan que M. Thiers avait conçu.

M. Odilon Barrot, sorti de ce libéralisme mesquin qui, sous la Restauration, avait préparé l'avénement de l'orléanisme, n'avait pu, malgré le service qu'il avait rendu en acceptant de Louis-Philippe *la commission* de conduire la dynastie à Cherbourg, trouver place dans les ministères officiels de l'usurpation. Un autre rôle lui avait été dévolu à raison de sa position acquise et de ses aptitudes particulières.

Nul n'avait pris plus que lui au sérieux cette fiction qui faisait de la bourgeoisie *le peuple au petit pied*, et qui permettait d'invoquer pour elle les grands principes de liberté, de droit public et de souveraineté populaire qui, appliqués aux masses, font la puissance des démagogues et l'éloquence des tribuns.

Mais autant il était large dans ses théories, autant il était étroit dans ses conclusions ; et s'il puisait son argumentation dans le droit de tout le monde, il en réduisait la portée au privilége de quelques-uns. Ses exigences en fait de réforme électorale ne s'étendirent jamais au-delà de l'adjonction des capacités à diplômes, tendant, par conséquent, à fortifier le monopole de la classe moyenne au nom des principes du droit commun.

Habile à mesurer la chaleur de son libéralisme sur la température du pouvoir, il avançait ou reculait dans ses déclarations de principes selon l'espace qui lui était laissé par les divers ministères. Grave jusqu'à la pesanteur, solennel comme le désert, ayant ce moule d'éloquence où les pensées vulgaires s'arrangent en formes pompeuses, il fatiguait l'atelier par des excitations sans portée, mais il enthousiasmait la boutique ; il était, qu'on nous pardonne ce trait, qui n'atteint en rien, dans notre pensée, l'honnêteté de son caractère, le Mirabeau des épiciers.

M. Odilon Barrot avait donc sa place indiquée dans les fictions parlementaires qu'on nous donnait pour la monarchie représentative. Il était tacitement chargé de simuler une gauche dans le gouvernement des centres ; on avait fait de lui le ministre de l'opposition.

De grands avantages étaient attachés à ce rôle : la déférence du pouvoir récompensait son dévoue ment ; tous ses parents avaient obtenu une part considérable au festin du budget, et son importance personnelle aurait pu satisfaire son ambition si sa proximité du pouvoir ne l'avait pas entraîné à des séductions dangereuses.

Une fois seulement il avait été près du ministère officiel, c'était sous l'administration de M. Thiers ; mais Louis-Philippe l'avait écarté en motivant son refus par ce mot, qui ne manquait pas de sens : « Si « je fais entrer M. Odilon Barrot, je ne pourrai plus « baisser la herse. »

Il était clair que ce personnage ne serait jamais admis dans le gouvernement tant que régnerait Louis-Philippe ; et l'on comprend qu'après dix-huit années d'attente il ait pu s'ennuyer d'un rôle qui, par sa longueur, ennuyait tout le monde. Il n'est donc pas étonnant qu'il soit entré, avec son parti, dans le plan de M. Thiers, et que la perspective d'être *président du conseil de régence* sous M<sup>me</sup> la duchesse d'Orléans, avec M. Thiers pour premier ministre, lui ait paru une position assez désirable pour qu'il travaillât à la conquérir.

## XVII.

Ce qui fait que les sages esprits du parti royaliste ont préféré, dès 1814, le suffrage universel au vote restreint pour l'élection des assemblées, c'est que le vote restreint livre la royauté à la merci des factions parlementaires, attendu qu'il suffit à un tribun ambitieux de faire un appel aux droits laissés en dehors pour renverser le trône le mieux établi.

Les rois légitimes qui, dans les révolutions, se laissent persuader par les partis influents d'exiger un cens d'élection donnent dans un piége ; ils accordent à ces partis un moyen de les dominer et de les expulser plus tard, tandis qu'avec le vote de tous ils domineraient et détruiraient tous les partis.

M. Thiers avait donc un moyen possible de renverser Louis-Philippe du trône et de s'emparer du *gouvernement* en laissant *le règne* à un prince enfant sous la régence d'une femme : c'était de placer son levier sur les droits que la condition du cens de deux cents francs avait mis en dehors du pays légal.

M. Odilon Barrot, à raison de son affinité avec la petite bourgeoisie parisienne, était l'homme qu'il lui fallait pour attacher le grelot de la réforme.

Il faut reconnaître que M. Guizot, en exagérant son système d'élever indéfiniment l'autorité par les attaques mêmes de ses adversaires, rendait presque infaillible le succès de la tentative de M. Thiers.

La pyramide du pouvoir placée sur la base étroite du cens de deux cents francs devait perdre en solidité ce qu'elle gagnait en hauteur.

Il devait arriver un jour où cet obélisque ne se trouverait plus en rapport avec la largeur de sa base, où ses assises en ciment s'ébranleraient sous le poids de leur sommet, où le moindre choc imprimé au pied du frêle édifice suffirait pour le faire écrouler.

Ce jour était venu en février 1848, quand M. Guizot avait répondu à l'opposition ameutée contre lui : « Vous n'élèverez jamais vos insultes à la hauteur « de mon dédain. » Ce dédain aveugle, entraînant avec lui le pouvoir, le séparait même par sa hauteur de toutes les réalités de la situation.

A toutes les demandes de progrès et de réformes qui partaient des bancs de l'opposition M. Guizot répondait par des refus absolus. En raidissant sa volonté, il croyait affermir le pouvoir ; il parlait de *résistance à outrance* quand la résistance était débordée; il se cramponnait au mot *statu quo* quand le *statu quo* était emporté dans le mouvement révolutionnaire.

Quant à Louis-Philippe, il se confiait dans la seule idée politique qu'il ait jamais eue. Il croyait que l'accord des trois pouvoirs parlementaires devait tout dominer, quelles que fussent les bases de ces trois pouvoirs, et qu'il était inébranlable tant qu'il restait dans *la légalité*, c'est à dire dans les termes des décisions prises par la majorité des deux chambres et ratifiées par lui. Il ignorait que la légalité, quand elle n'a pas pour fondement la légitimité, n'est qu'un fait matériel subordonné à l'action des principes.

Cependant le complot régentiste marchait à son but avec une audace présomptueuse qui ne permettait pas de doute sur le résultat : des banquets réformistes avaient eu lieu dans toutes les villes de France. M. Odilon Barrot et son parti, promoteurs de ces banquets, avaient vu plusieurs festins, préparés pour eux, mangés par les républicains. Le mouvement n'appartenait déjà plus à ceux qui l'avaient commencé. M. Guizot avait placé ces hommes sous la prévention d'un de ces deux mots : *ennemis ou aveugles !* — Ils étaient l'un et l'autre.

Enfin le coup décisif allait être porté. Un *banquet monstre* fut organisé à Paris dans le grand carré des Champs-Élysées, à deux pas de la chambre des députés. Le pouvoir voulut interdire cette réunion redoutable : l'émeute se leva, des barricades se dressèrent contre le gouvernement sorti des barricades. Première apparition de la loi du talion !

L'usurpation dégageait, du fond de l'orléanisme, une nouvelle phase de révolution : la logique manifestait sa force divine !

La garde nationale, exclue en grande partie du droit de voter, s'étant prononcée pour la réforme, l'armée se trouvait, pour la première fois depuis 1830, privée de l'appui moral qu'elle puisait dans le concours de la bourgeoisie. A la faveur de l'indécision qui se manifestait dans la force militaire, l'insurrection prenait ses positions ; elle poussait ses barricades jusque dans la rue de Rivoli, à quelques toises des Tuileries.

Tous les hommes d'État, tous les habiles de l'usurpation, tous les vétérans des crises révolutionnaires se rendirent autour de Louis-Philippe. M. Thiers ne manqua pas d'apporter à ce prince les conseils de son expérience pratique, de la sagacité qu'il avait montrée dans les tempêtes politiques et de son dévouement pour la royauté de 1830.

Tout le monde tomba d'accord sur la nécessité d'éviter la guerre civile et l'effusion du sang, en sacrifiant M. Guizot. Le général Bugeaud, qui vint offrir son épée pour réprimer l'émeute, fut remercié.

Louis-Philippe crut qu'il conjurerait la crise en

confiant le ministère à M. Thiers doublé de M. Odilon Barrot. Soit que le prince se doutât que l'ambition de ces deux hommes fût au fond de ce mouvement, soit qu'il voulût donner satisfaction à la bourgeoisie, en élevant au pouvoir des hommes qui s'étaient prononcés pour le progrès, il ne douta pas que cette concession ne fît tomber l'insurrection.

Mais quand bien même M. Thiers n'aurait pas été engagé avec son parti pour une révolution régentiste, il ne se serait pas contenté de reprendre sous Louis-Philippe une position ministérielle restreinte à l'exécution des volontés d'un maître, quand il voyait devant lui la perspective de gouverner la France sous le nom d'une régente. (1)

Sa nomination et celle de M. Odilon Barrot ne firent donc pas tomber les armes des mains des insurgés. Il fallut aller plus loin pour deviner l'énigme posée par le sphynx révolutionnaire.


## XVIII.


Louis-Philippe avait cru que le mot de cette énigme était un changement de ministère. Il se trompait ; ce

(1) Voir aux documents, n° VIII.

mot était l'*abdication*. L'énigme d'un homme d'usurpation ne pouvait être que l'usurpation.

Un coup de pistolet, tiré sur le boulevart des Capucines, provoquant une décharge meurtrière de la troupe, rapprocha Louis-Philippe du secret qu'il cherchait à pénétrer. Des cadavres promenés dans Paris ravivèrent les passions amorties par une concession première, et élevèrent l'insurrection à la hauteur d'une révolution imminente.

Le lendemain de ces scènes tragiques, la question fut nettement posée : Ou la guerre civile dans la capitale, ou l'abdication de ce pouvoir qu'on avait convoité si longtemps, et dont un règne de dix-huit ans n'avait pu assouvir la soif.

Louis-Philippe avait forcé Charles X d'abdiquer en poussant sur lui, à Rambouillet, l'insurrection parisienne : on le forçait lui-même d'abdiquer en poussant sur lui, aux Tuileries, l'insurrection mugissante : Dieu est juste ! Dieu est grand !

Un rédacteur du *Journal des Débats,* qui avait publié le récit d'un entretien qu'il a eu avec Louis-Philippe dans son exil de Claremont, rapporte ainsi les paroles de ce prince sur les causes de son départ :

» On m'assurait, dit-il, que, si je changeais mon « ministère, j'éviterais l'effusion du sang ; je l'ai « fait. Puis on m'affirmait que si j'abdiquais j'évi-« terais une révolution : **je l'ai fait encore.** »

Quel est donc ce conseiller désigné par cette particule on ? C'était M. Thiers et sa faction.

La révolution qui mugissait autour de son palais avait sa tête dans les appartements des Tuileries. Le cabinet de Louis-Philippe était envahi ce jour-là par tous les hommes ardents de son parti. Les conseils prenaient le ton impérieux des injonctions absolues. On eût dit que cette tête de la révolution, comme celle du serpent, se sentait pressée par le jeu des anneaux qui partait de sa queue, ou plutôt il semblait que l'esprit de l'abîme avec lequel il avait pactisé en 1830 se présentât devant lui à l'expiration du pacte pour le sommer de rendre le pouvoir.

Il faut voir dans les relations du temps la scène animée et palpitante d'intérêt qui se passa autour du monarque usurpateur, pendant qu'une magnifique armée, rangée en bataille sur le Carrousel, semblait attendre de lui un ordre qui ne venait pas.

Nous laissons parler l'auteur de l'écrit intitulé . *Relation authentique :*

« L'introduction dans l'appartement privé *du roi,*
« dans son cabinet même, d'un assemblage de per-
« sonnes, généraux, députés, journalistes, simples
« officiers de l'armée, qui l'assiégeaient d'informa-
« tions et d'avis interrompus par des informations et
« des avis contraires, était déjà une preuve évidente...

« avant que le mot *abdication* eût été prononcé...
« que *Louis-Philippe n'était plus roi*. Au milieu de
« cette cohue qui ne représentait que trop bien l'ir-
« résistible tumulte du dehors, le roi signa son ab-
« dication *comme la seule chance de conserver au*
« *moins un lambeau de la monarchie,* ou, ce qui était
« plus urgent encore en ce moment, de sauver la vie
« des membres de sa famille et de ses amis, — blo-
« qués dans deux ou trois chambres du palais, sans
« défense, et nous pourrions dire déjà pris.

« Lorsque *le roi* se fut résolu à son abdication et
« qu'il s'assit pour la rédiger à son bureau, il se vit
« immédiatement entouré par une foule de specta-
« teurs, inconnus de lui, et qui suivaient avec atten-
« tion tous les mouvements de sa plume. Quelques-
« uns lui criaient brutalement : *Mais dépêchez-vous*
« *donc; vous en faites trop long, vous n'en finissez pas.*
« D'autres, en remarquant que le nom de la duchesse
« d'Orléans n'y était point inséré, et que le roi ne
« faisait nulle mention de la régence, dirent : *Ah!*
« *mais cela ne peut pas aller comme cela; il faut que*
« *vous déclariez la duchesse d'Orléans régente.* Le roi
« répondit sévèrement : *D'autres le feront s'ils le*
« *croient nécessaire, mais moi je ne le ferai pas;*
« *c'est contraire à la loi; et comme, grâce à Dieu, je*
« *n'en ai encore violé aucune, je ne commencerai pas*
« *dans un tel moment.*

« La confusion était si grande que l'acte d'abdi-
« cation fut arraché des mains du roi avant qu'il pût
« en faire une copie.

« La reine avait été témoin de cette scène, té-
« moin alarmé ; mais digne. Lorsque l'abdication
« eut été ainsi arrachée au roi, M. de Lamartine dit
« qu'elle se tourna vers M. Thiers, et s'écria . — Oh!
« Monsieur, vous ne méritiez pas un si bon roi.
« Sa seule vengeance est de fuir devant ses enne-
« mis. — Les seules paroles de la reine qui aient
« frappé l'oreille de celui qui nous renseigne ici
« furent celles-ci : *Vous l'avez? —vous vous en repen-
« tirez !* et ces paroles semblaient adressées à ceux
« qui avaient pressé l'abdication, mais non à M.Thiers
« en particulier. »

L'armée, avons-nous dit, restait immobile. C'est
que cette armée était paralysée par M. Thiers lui-
même, qui, ministre nommé, avait le droit de donner des ordres.

Comment expliquer, sans cette circonstance, sans
la pression exercée sur lui par la révolution elle-
même, que Louis-Philippe se soit laissé arracher son
abdication ; que ce prince, si habile, si avisé, si re-
tors, si rompu à toutes les ruses de la politique, ait
été sans initiative, sans résolution, sans défense aucune contre la pression dont il était l'objet ? C'est

qu'il lui manquait le sentiment de son droit, pour conserver contre la révolution un pouvoir qu'il tenait d'elle. Il n'avait, pour résister aux obsessions de ses entourages, que cette force militaire placée en quelque sorte sous sa main ; mais ici encore sa volonté était tenue en échec par une pensée qui naissait de sa situation.

S'il avait engagé le combat, il perdait, en cas de défaite, la dernière chance de conserver l'établissement monarchique de sa famille. LA RÉGENCE, qu'on lui présentait comme un moyen d'apaiser l'émeute, s'évanouissait avec son règne, et ses immenses richesses étaient emportées dans le naufrage de sa dynastie.

Il signa donc son abdication *en faveur du comte de Paris.*

Quel compte avait-il tenu en 1830 de la réserve de Charles X en faveur du duc de Bordeaux ? La révolution se chargea quelques heures plus tard d'exécuter encore sur ce point cette terrible loi du talion : *comme tu as fait il te sera fait.*

Son abdication à peine signée fut arrachée de ses mains par ses conseillers improvisés. Mais leurs obsessions ne s'arrêtèrent pas à cette concession. On exigea son assentiment à ce que la loi qui donnait la régence au duc de Nemours fût violée au profit de la duchesse d'Orléans.

Ayant refusé cet assentiment, on passa outre. La mise en scène avait été préparée à la chambre des députés ; les rôles étaient distribués entre les orateurs ; un canevas de discours avait même été rédigé pour être prononcé par la princesse régente. Elle partit, en effet, avec ses deux enfants pour se faire proclamer par l'Assemblée.

Déjà la discussion était ouverte sous la présidence de M. Dupin. La voix de Genoude déclarant que la France seule pouvait, par l'organe de ses représentants véritables, prononcer sur les cas de régence, avait été étouffée comme de coutume, ainsi que celle de M. de La Rochejaquelein...

Quand un personnage qui ne figurait pas sur le programme régentiste vint jouer son rôle dans ce drame, l'émeute, avec ses drapeaux rouges, envahit les tribunes publiques, et un coup de fusil fut tiré sur le portrait de Louis-Philippe, au dessus de la tête du président. Des discours préludant, dit-on, pour la régence conclurent pour un gouvernement provisoire. Les orléanistes, terrifiés, se retirèrent dans un épouvantable désordre. La princesse et ses enfants purent à peine s'échapper dans ce tumulte ; et la séance, commencée au Palais-Bourbon, finit à l'Hôtel-de-Ville.

Cependant que faisait Louis-Philippe après le dé-

part de sa belle-fille pour la chambre des députés?
Nous croyons savoir que, toujours préoccupé par
cette pensée de ne pas faire manquer la régence, et
craignant que tout ne fût compromis si l'insurrection
forçait les Tuileries, il voulait d'abord tenir dans
cette position jusqu'à ce que, la décision de la chambre étant connue, l'émeute tombât devant les exhor-
tations de ses chefs. Mais il fut encore déçu dans ce
calcul. La fusillade du Château-d'Eau l'avertissait de
l'approche de l'insurrection ; l'armée, rangée sur le
Carrousel, fidèle à la consigne d'éviter un engagement sérieux, se retirait dans la cour intérieure des
Tuileries. Le désordre et la confusion régnaient dans
le château ; pas un moment n'était plus laissé à l'u-
surpateur déchu. Il ordonna que ses voitures de
voyage fussent conduites à la grille du Pont-Tournant. Il s'échappa à pied avec sa famille par le jardin
des Tuileries ; et il s'arrêta sur la place DE LA RÉVO-
LUTION, près de ce lieu rougi par le sang du vertueux
Louis XVI, dont son père avait signé l'arrêt de mort,
dont lui-même avait trahi, détrôné, expulsé les légitimes héritiers ! et après une halte expiatoire sur ce
lieu accusateur, pour attendre ses voitures royales
que le peuple avait brûlées sur le Carrousel, il fut
très heureux de pouvoir se jeter, lui et sa famille,
dans trois petites voitures que la prévoyance du duc

de Nemours avait envoyées après lui. C'est ainsi qu'il s'enfuit de Paris, sans savoir si la justice de Dieu et la réaction de la France lui permettraient d'atteindre les frontières de ce pays qu'il avait perdu, et de sortir vivant de cet incendie que son ambition avait allumé !

Arrivé à Saint-Cloud dans les angoisses les plus vives, il fallut renoncer à s'arrêter dans cette résidence ; car, dit la *Relation authentique* faite par les amis de Louis-Philippe, « comment demeurer à Saint-Cloud *sans y être troublé par la population parisienne ?* » Pensée qui devait rappeler au prince fugitif qu'il avait, en 1830, envoyé les bandes parisiennes *troubler* la résidence de Charles X à Rambouillet, pour le contraindre à s'acheminer vers l'exil... Autre apparition de la loi du talion !

Une seconde raison obligeait Louis-Philippe à partir immédiatement de Saint-Cloud. « Il craignait,— c'est encore lui qui parle dans la relation déjà citée, —d'embarrasser la RÉGENCE !» Quoi ! toujours ce mot RÉGENCE venant retomber sur lui comme un glaive !

Il monta donc, avec sa famille, dans les *omnibus* de Saint-Cloud, et se dirigea sur Dreux par Trianon.

Dans ce trajet, il passa au pied du Mont-Valérien.

On se demande comment il ne céda pas à la pensée d'entrer dans cette formidable citadelle, élevée naguère par lui dans l'intention incontestable de tenir en bride cette révolution qui l'avait porté au trône?

Comment se fait-il, en effet, que ces forts détachés, dont les feux se croisaient sur la capitale et qui pouvaient par un simple blocus, la réduire à la famine ; que ces immenses travaux, arrachés à l'esprit de liberté après des discussions si ardentes, et dont la dépense avait épuisé et énervé les finances pour un quart de siècle; comment se fait-il, demandons-nous, que ces citadelles, où sa prévoyance avait accumulé les canons, les mortiers, les munitions, les provisions de toute espèce, ne lui ait pas inspiré, dans ce moment extrême, une tentative pour relever son trône abattu par l'insurrection, pour reconquérir par la force ce pouvoir que l'intrigue lui avait enlevé !

La réponse à cette question se trouve encore dans cette pensée de RÉGENCE qui le poursuivait dans sa fuite pour neutraliser, pour paralyser en lui tout ce que la passion de la domination et des richesses pouvait lui donner d'énergie et de courage. C'était comme l'épée de feu de l'ange exterminateur qui le chassait du paradis terrestre. Son entrée dans la forteresse du Mont-Valérien , nous dit la *Relation authentique*.

« *aurait eu l'air d'une provocation ;* » elle aurait perdu la RÉGENCE !

Il s'achemina donc vers les tombes de Dreux, où

il trouva une nuit de repos, suivie bientôt de tribulations nouvelles. On rapporte que, depuis son départ des Tuileries jusqu'à Trianon, cette exclamation *Comme Charles X !* sortait fréquemment de sa bouche. Etait-ce une pensée d'orgueil qui se consolait par une similitude de situation avec un roi bon et juste, était-ce un remords qui s'échappait de son cœur, était-ce la confession de cette loi du talion dont il subissait toute la rigueur? Dieu seul le sait, et, selon la vérité des sentiments exprimés par cette parole, la miséricorde ou la justice aura dominé dans le jugement divin à l'égard de Louis-Philippe.

Nous devons, au reste, protester contre une assimilation trop absolue entre les deux princes renversés du trône et forcés l'un et l'autre de quitter leur patrie devant l'insurrection triomphante.

Non, ce n'était pas *comme Charles X*, car Charles X était l'héritier légitime de soixante rois Il n'avait pas trahi et ruiné son parent et son bienfaiteur. Il emportait dans sa retraite un principe d'ordre, un droit incontestable, une conscience pure, un caractère de franchise et de loyauté auquel ses ennemis eux-mêmes ont rendu hommage. Non, ce n'était pas *comme Charles X*, car ce monarque s'était acheminé vers l'exil entouré du respect des populations, et avec toute la dignité, toute la majesté de la vertu, de la royauté et du malheur !

Nous n'appesantirons pas nos regards sur le triste tableau que nous présente la déroute de l'usurpation orléaniste après le coup de foudre qui l'avait frappée. C'est aux relations historiques que nous renvoyons le lecteur.

On y verra Louis-Philippe et sa compagne séparés de leur famille, conduits de ferme en ferme par les chemins de traverse, cherchant à gagner la côte pour s'embarquer, pendant qu'une tempête affreuse semblait leur interdire l'accès de la mer. On y verra ce prince, après mille dangers, mille tribulations horribles, parvenir enfin à monter sur un paquebot anglais au moyen d'un passeport anglais et déguisé lui-même en Anglais sous le nom de Smith. Ce tableau d'un vieux prince épuisant le calice des misères humaines serait déchirant à contempler si l'on n'y voyait pas Dieu et sa justice, et si quelques beaux traits de fidélité et de dévouement ne venaient dilater les cœurs comprimés par le spectacle de ce long supplice (1).

———

(1) Voir aux documents, n° IX.

# TROISIÈME PARTIE.

—

## I.

Après les récits qui précèdent, notre tâche pourrait sembler terminée ; car, en dévoilant les causes secrètes qui ont amené la chute de la monarchie de juillet, nous croyons avoir montré jusqu'à l'évidence que c'est l'esprit d'usurpation inhérent à l'orléanisme qui, ne pouvant attendre l'expiration d'un règne, a évoqué une seconde fois l'insurrection pour franchir ce règne, et qu'il a ainsi enfanté la république démocratique, cachée dans ses profondeurs.

Mais il nous reste encore à démontrer un point important pour notre thèse : c'est que, même dans l'exil, l'orléanisme est la cause qui entretient et qui vivifie la révolution en France, malgré les efforts de la société pour revenir aux conditions normales de son existence.

Si, comme Louis-Philippe l'avait assuré aux souverains de l'Europe dans ses correspondances confidentielles; (1) si, comme les doctrinaires l'avaient dit aux hommes d'ordre pour les décider à prêter leur concours au gouvernement de 1830, il n'avait accepté la couronne que pour empêcher la révolution de se développer; si son intronisation n'avait été de sa part qu'un acte de dévouement puisé dans son patriotisme, dans ses devoirs de Français et de prince du sang; s'il n'avait voulu enfin que sauver la monarchie et la société, en se réservant de rétablir la royauté légitime quand il l'aurait rendue possible, qu'aurait-il fait après 1848?

Évidemment, la chute de l'édifice élevé par lui, la dispersion de son parti et la proclamation de la République le relevaient du poste difficile et périlleux qu'il avait occupé pendant dix-huit-ans. Il se trouvait affranchi des réserves et des feintes que sa position lui avait imposées; la révolution avait brisé avec trop d'éclat, le 24 février, les chaînes qui l'attachaient à elle pour qu'il pût garder aucun doute sur sa complète délivrance.

(1) Voir aux documents, n° X.

Rendu à ses véritables sentiments, il se serait donc replacé à l'instant même dans le principe qui faisait la gloire et la grandeur de sa maison. Il aurait repris son titre de duc d'Orléans, et il aurait envoyé son fils aîné à Froshdorff porter au chef de la maison de Bourbon son hommage et sa soumission.

Loin de suivre cette conduite, la seule qui fût droite et honorable, la seule qui coïncidât avec le thème soutenu par lui et par ses amis les doctrinaires, Louis-Philippe a conservé le titre de *roi*. Il s'est pos comme un monarque légitime qu'un égarement passager de l'opinion aurait détrôné.

Et pourtant ! la révolution qui lui avait conféré son titre royal ayant repris ce qu'elle avait donné, que lui restait-il de sa royauté ? Qu'était-il s'il déclinait sa qualité de prince du sang en niant le droit monarchique ? Il n'était rien qu'un usurpateur congédié, moins par conséquent que le plus obscur citoyen.

Ce prince condamnait ainsi son passé, et ruinait l'avenir de ses enfants.

Si Louis-Philippe avait fait son devoir, s'il avait repris son titre de duc d'Orléans, il aurait, par cela seul, rétabli ses enfants dans la position régulière que sa faute leur avait fait perdre. Le mal causé par lui eût été réparé par lui dans sa famille.

En continuant à se poser en *roi*, il plaçait ses fils

dans la nécessité de le désavouer s'ils eussent voulu rentrer dans les devoirs de leur position princière. Et, dans le cas — qui se trouvait malheureusement la vérité — où leur orgueil les retiendrait dans la rébellion, il les autorisait à dire que leur respect pour leur père ne leur permettrait pas une autre conduite.

Une seconde considération devait aussi le porter à quitter dans l'exil ce titre royal qui, annulé en fait, n'était plus qu'une bravade contre Dieu, contre la France, contre le chef de la maison de Bourbon : c'est qu'en se replaçant dans la hiérarchie naguère subvertie par lui, il dégageait de la cause révolutionnaire toute cette fraction du parti monarchique de France que son usurpation avait entraînée : il rendait à la cause monarchique toute la force qu'il lui avait enlevée, et donnait aux hommes d'ordre la possibilité de s'appuyer sur un principe d'ordre pour combattre l'anarchie et le socialisme que la république démocratique avait fait surgir, tandis qu'en gardant son titre usurpé il maintenait ses amis et ses partisans dans cette pensée d'usurpation qui légitimait la révolution, divisait les royalistes, fortifiait par conséquent doublement le parti de l'anarchie.

Après ces motifs de soumission puisés dans les

devoirs de chef de famille et de prince français, aborderons-nous un autre ordre de raisonnements? Examinerons-nous la conduite de Louis-Philippe au point de vue de ses intérêts et de ceux de la maison d'Orléans? Ici notre surprise sera grande, car nous ne trouvons plus en lui cette sagacité active qu'il avait déployée, soit pendant l'émigration, soit dans la revendication de ses biens sous Louis XVIII et Charles X, soit dans l'affaire du mariage espagnol.

Comment ne voyait-il pas que sa maison princière ne pouvait plus être relevée que par le principe dont elle émanait, et que le rameau foudroyé et flétri ne pouvait reverdir que par le tronc?

Comment, lui si perspicace partout où sa fortune et l'avenir de ses enfants étaient en cause, n'avait-il pas compris que ses immenses possessions, ses châteaux royaux, ses forêts, ses parcs, toutes ces richesses sans aucune proportion avec le patrimoine des familles les plus opulentes, constituaient en réalité une fortune politique qui n'avait plus de raison d'être sous tout autre régime que la monarchie traditionnelle, et que, si la monarchie révolutionnaire n'avait pu se maintenir, la logique des faits amènerait nécessairement, dans un avenir plus ou moins prochain, la dissolution de cette agglomération de richesses incompatible avec la démocratie?

## II.

Et qu'on ne vienne pas nous répondre par ce dilemme d'égoïsme, allégué par une princesse à courte vue, pour repousser, au nom de l'intérêt de ses enfants, les conseils de soumission que de sages amis lui donnaient.

Elle disait : « Ou le principe de légitimité monar-« chique sera rétabli en France, ou il ne le sera pas. « Dans ce dernier cas, je perds l'avenir de mon fils « en l'associant à une cause ruinée. Dans le premier, « le représentant du principe légitimiste n'ayant « point d'enfants, le droit héréditaire de mon fils le « ramène naturellement et forcément auprès du « trône rétabli. »

Assurément il n'est pas difficile de détruire, malgré sa contexture géométrique, la solidité de cet argument. Fort par la forme, il est faible par le fond.

D'abord la question de devoir, laissée de côté, n'y reste pas comme on peut le croire ; car selon la formule trouvée et prêchée par M. Alexandre Weill, *quiconque manque à son devoir perd son droit.*

Ensuite, sans vouloir faire dépendre le rétablisse-

ment du principe monarchique de la soumission ou
de la rébellion des princes d'Orléans, on doit reconnaître, d'après les considérations présentées plus
haut, que la conduite de ces princes aurait pu fortifier et rapprocher les chances de ce rétablissement ;
et que, si les véritables intérêts des enfants de la duchesse Hélène étaient liés à ces chances, elle nuisait
à ces intérêts par la réserve expectante où elle déclarait vouloir rester.

Enfin, le droit héréditaire de son fils, dans le cas
du rétablissement de la branche aînée, n'était pas
aussi absolu, aussi incontestable qu'elle semblait le
croire en disant que son retour auprès du trône dé-
coulerait *naturellement et forcément* du rétablissement de la monarchie légitime.

D'abord cette princesse n'est pas, à ce que nous
croyons, dans le secret de Dieu. Elle ne peut savoir
si la postérité directe du représentant de la monarchie traditionnelle ne sera pas aussi nombreuse et
aussi florissante que celle de la branche d'Orléans.

Puis, elle eût dû se rappeler que l'Assemblée constituante de 1789 n'avait pas trouvé la question de
succession tellement simple qu'elle n'eût cru devoir
consacrer deux séances à discuter cette question. Que,
dans cette discussion, la renonciation de Philippe V
avait été mise sur le tapis avec toutes les raisons pui-

sées dans les actes diplomatiques et dans le droit public ; et que, malgré l'influence très grande alors de Philippe-Joseph d'Orléans et de sa faction, l'Assemblée, loin de trancher la question au profit de cette maison, l'avait ajournée et réservée. (1)

Elle eût dû se rappeler que, selon les lois de l'ancienne monarchie, dès qu'il y avait doute sur la question de succession, cette question devait être décidée par les assemblées générales de la nation.

Elle avait donc un intérêt visible à ménager pour ses enfants les dispositions favorables du chef de la maison de Bourbon ; car si, dans la monarchie traditionnelle, le roi ne devait pas trancher les questions relatives aux lois fondamentales de l'État, l'exemple de ce qui avait été fait, en dehors de ces lois, au profit de la maison d'Orléans, par Louis XIII et Charles X, aurait dû lui prouver la nécessité de reconquérir pour ses enfants la bienveillance du représentant de la royauté légitime.

Qui donc, dans l'hypothèse soulevée par la première partie du dilemme orléaniste, aurait empêché le roi d'établir au pavillon Marsan sa sœur, M^me la duchesse de Parme, avec ses deux enfants en bas âge, nés de son mariage avec un infant d'Espagne,

(1) Voir aux documents, n° XI.

le seul des petits-fils de Philippe V qui ne porte pas
une couronne fermée ou qui n'ait pas un droit éven-
tuel à un trône royal?

Qui aurait empêché que ces princes ne fussent élevés comme princes français? Ne sont-ils pas nés
d'une mère française et d'un père italien, comme le
père du comte de Paris était né sur la terre étrangère
d'un père français et d'une mère italienne? Et quand,
dans un demi-siècle, la succession à la couronne se
serait ouverte, n'auraient-ils pas été plus près du
trône que la branche d'Orléans, puisqu'ils sont les
héritiers directs de Louis XIV, tandis que les princes
d'Orléans n'en sont que les collatéraux?

Le dilemme d'égoïsme de M<sup>me</sup> la duchesse Hélène
n'avait donc aucune valeur logique, puisqu'il repo-
sait sur la supposition d'un droit absolu, supposition
qui ne résiste pas à l'examen.

## III.

Louis-Philippe, en conservant après sa chute ce
titre royal usurpé, manquait donc à tous ses devoirs
de prince du sang royal, de Français et de chef de
famille; il avait perdu cette *clairvoyance* de ses in-

16*

térêts qui l'avait distingué à toutes les autres époques de sa vie.

La conduite de ce prince à Claremont était-elle la suite d'un affaiblissement sénile causé par les terribles revers qu'il venait de subir, ou bien avait elle, comme on l'a dit, sa source dans la pression exercée sur lui par ses enfants? Nous laissons ce secret dans la tombe où il est enseveli. Mais, nous le disons à regret, sa mort mit en relief une vérité qu'il est impossible aujourd'hui de méconnaître, c'est que les sentiments exprimés dans le testament de leur frère aîné, le duc d'Orléans, sont partagés par ces princes ; qu'ils veulent rester les *serviteurs passionnés de la révolution;* qu'ils placent dans cette cause leurs droits, leur ambition, leur orgueil, les chances de grandeur et de pouvoir qu'ils imaginent dans l'avenir.

Comment en douter quand on les a vus repousser toutes les instances réitérées de leurs serviteurs les plus fidèles et de leurs amis les plus dévoués, les plus sages, les plus expérimentés, leur demandant non pas même *une soumission,* qui cependant était la seule voie raisonnable par laquelle ils pussent arriver à refaire l'unité dans le parti monarchique, mais d'ouvrir une négociation entre les deux branches de la maison de Bourbon en vue d'une *réconci-*

*liation* jugée nécessaire au salut de la société menacée par les socialistes !

Comment ne pas voir que l'ORLÉANISME C'EST LA RÉVOLUTION, quand ces princes se sont montrés assez indifférents aux affreux désordres qui ruinaient et ensanglantaient leur patrie, pour refuser de la secourir par leur adhésion, unanimement réclamée, au principe d'ordre dont la violation exposait la société à une mort imminente ; quand ils se sont endurcis jusqu'au point de répondre à un noble appel qui leur était fait publiquement avec une générosité et une mansuétude vraiment royales, « qu'ils entendaient « *rester à la disposition de la France ?* »

Qui pourrait nier que, par cette position expectante, ils favorisaient toutes les causes de perturbation contre lesquelles la France luttait si péniblement depuis deux ans ? que leur faction, — nous ne disons plus leur parti, — s'opposait à toute solution autre que le rétablissement de l'usurpation, et qu'il y avait dans cette faction comme une résolution arrêtée de prolonger l'état d'anarchie où l'on était tombé depuis 1848, jusqu'à ce que la France, épuisée, expirante, subit cette usurpation imposée par une surprise ?

Ne savons-nous pas que M. Thiers, le seul des anciens ministres de Louis-Philippe qui fût opposé à la réconciliation des deux branches, était le conseiller de Claremont et d'Eisenach, le véritable directeur de la politique orléaniste ; et peut-on dire que ce personnage si remuant, si intrigant, si actif pour susciter des coalitions, pour corrompre, déplacer, entraîner hors de leurs voies les partis parlementaires, soit resté dans cette situation expectante où il conseillait aux princes d'Orléans de se renfermer par leurs paroles ?

N'avons-nous pas vu les journaux de cette faction répondre avec une douceur hypocrite à toutes nos instances pour qu'ils se réunissent à nous sur le terrain des principes, « qu'ils désiraient, autant que « nous peut-être, le rétablissement du droit monar- « chique, mais que le principe de légitimité *n'était* « *pas possible !... »*

Ils faisaient, par leur volonté pervertie, *cette im-possibilité* qu'ils invoquaient comme une excuse !

Etait-ce de la politique expectante que cette candidature présidentielle du prince de Joinville mise en avant pendant plusieurs mois, et soutenue par les journaux orléanistes sans qu'une seule dénégation soit venue du prince qu'on proposait aux suffrages républicains ?

Etait-ce de la politique expectante que les voyages secrets de ce prince et de M^{me} la duchesse d'Orléans à Paris et à Issy, dans les crises parlementaires causées par les conflits des deux pouvoirs ?

Etait-ce de la politique expectante que cet or envoyé pour fonder des journaux régentistes, pour payer des écrivains dévoués à cette cause ?

Les princes d'Orléans attendaient en effet...; mais ils attendaient que M. Thiers et sa faction eussent conquis et absorbé les légitimistes, neutralisé les républicains, eussent pris toutes les positions, eussent pratiqué l'armée, envenimé les conflits, rétabli une à une, par la législation, toutes les pierres de l'édifice de despotisme renversé par le mouvement réformiste de 1848.

L'usurpation ainsi maîtresse du gouvernement, quelques hommes arrêtés et jetés dans les citadelles, quelques journaux supprimés, la France aurait, par la voix d'une faction parlementaire, donné aux princes d'Orléans l'*ordre* de revenir la gouverner, au risque de produire un soulèvement populaire qui aurait fait passer le socialisme! et une révolution nouvelle serait sortie, comme en 1830, comme en 1848, des entrailles de l'orléanisme.

## IV.

La révolution de 1848, nous l'avons dit, est sortie

de l'usurpation de 1830 ; mais on n'en doit pas conclure que le soulèvement qui rejeta hors de France la dynastie d'Orléans ait été produit uniquement par des mobiles révolutionnaires.

Sans doute la soif immodérée du pouvoir a été la cause déterminante de ce changement de phase, sans doute les passions cupides, le besoin ardent des jouissances sensuelles, l'esprit de révolte, le désir de s'emparer de la propriété par la force, de briser tous les freins, tous les liens qui ne laissent à l'amour du bien-être d'autre voie que le travail, ont répondu avec une joie sauvage à l'appel de l'esprit d'usurpation qui leur livrait les rues de la grande cité et leur donnait accès jusque dans le palais de Louis-Philippe. Mais ces forces de l'abîme, ces éléments de révolution auraient-ils pu renverser l'édifice du pouvoir s'ils n'avaient trouvé dans l'ensemble de la population des dispositions hostiles par d'autres motifs, par des sentiments d'une autre nature, au gouvernement qu'ils attaquaient ?

Était-ce un mobile révolutionnaire que ce dégoût causé par une corruption qui avait gagné jusqu'aux sommités du monde officiel ?

Était-ce un mobile révolutionnaire que ce sentiment du droit et de la raison qui rendait insupportable le privilége électoral concédé à deux mille censitaires au préjudice de dix millions de citoyens, et cette exploitation du peuple entier par une classe cupide et envieuse ?

Était-ce un mobile révolutionnaire que ce besoin de progrès d'une société dont on arrêtait la vie en lui disant . « *Nous sommes satisfaits, nous ne vou-* « lons ni améliorations ni RÉFORME ? »

Était-ce un mobile révolutionnaire que cette soif de la justice qui s'irritait à la vue de cet édifice d'arbitraire, de mensonge et de tyrannie fondé sur une usurpation de famille, et qu'on élevait chaque jour au dessus de la raison universelle, de l'honnêteté publique, au dessus de toutes les notions du bien et du mal moral ?

Était-ce un sentiment révolutionnaire que celui qui faisait dire à tant de bons citoyens et de gardes nationaux : « La mesure est comble ; laissons passer « la justice de Dieu ? »

Dira-t-on que ce sont des pensées et des sentiments révolutionnaires qui sont exprimés dans ce chant sublime composé il y a trois mille ans par le poète sacré, dans des circonstances analogues à celles où nous étions en 1848 :

« Mes pieds se sont presque égarés, mes pas ont « presque chancelé, parceque je me suis indigné en « voyant le succès des impies.

« Ils se parent de l'orgueil comme d'un collier
« d'or ; ils se couvrent d'un vêtement d'iniquité.

« Leur iniquité sort de leur abondance. Les pen-
« sées de leur cœur débordent ; elles ravagent, elles
« se répandent en calomnies : ils parlent comme
« d'un lieu élevé.

« Ils opposent leur bouche au ciel, et leur langue
« parcourt la terre.

« Et voilà pourquoi le peuple répète sans cesse :
« Dieu les voit-il ? Le Très-Haut en a-t-il connais-
« sance ?

« Voilà que ces impies, ces heureux du siècle,
« multiplient leurs richesses.

« C'est donc en vain que j'ai purifié mon cœur et
« que j'ai lavé mes mains dans l'innocence !

« J'ai été frappé de votre verge durant tout le jour
« et châtié dès le matin.

« Je disais, je racontais ces choses, et la généra-
« tion de vos enfants m'a nommé prévaricateur !

« Et mon cœur bouillonnait, mes entrailles étaient
« émues, et je n'étais qu'un insensé.

« Je ne savais rien, semblable, devant vous, à
« l'animal stupide.

« Et j'ai médité pour savoir, et mes yeux n'ont vu
« qu'un grand travail, jusqu'à ce que je sois entré
« dans le sanctuaire de Dieu, et que j'aie connu la
« fin des pervers.

« Vous les aviez placés dans des lieux glissants ;
« vous les avez fait s'écrouler dans la désolation.

« Comment sont-ils tombés soudain dans la ruine ?
« Ils ont défailli, ils ont été dévorés de terreur.

« Comme un songe après le réveil, ils se sont
« évanouis !... »

Non, ce chant religieux, cet hommage à la justice
de Dieu, qui s'échappait de tant de cœurs à la vue de
de la catastrophe de février, ne saurait sans blas-
phème être attribué à l'esprit de révolte. Il faut donc
reconnaître dans cette catastrophe le résultat du
concours de deux causes contraires : la révolution
qui voulait se développer en essayant une usurpation, et la civilisation retirant son appui à cette
source permanente de désordres, et appelant de ses
vœux une réforme politique pour se sauver de la
corruption, de la dissolution et de la mort.

La France ne pouvait défendre un pouvoir qui la
détruisait ; les *conservateurs* ne voulaient plus *conserver* un fait générateur de révolutions ; enfin les
hommes d'intelligence se sentaient neutralisés dans
ces complications de principes contraires, et ils attendaient, pour venir au secours du bien, qu'ils le
vissent dégagé du mal.

17

## V.

Que devaient faire, après le 5 mai, les hommes de principes envoyés dans l'assemblée souveraine par la liberté républicaine ?

Ils devaient d'abord protester contre la proclamation d'une république faite sous la pression de l'émeute armée, par des hommes qui ne pouvaient avoir d'autre mandat que celui de consulter la France.

Ils devaient demander que la question si abusivement tranchée par le gouvernement *provisoire* fût posée immediatement devant la nation.

Et si l'état de la société et de la capitale ne permettait pas ce recours immédiat au jugement du pays, ils devaient, tout en le réservant pour le moment où il serait praticable et opportun, chercher leur force, pour dominer les passions anarchistes, dans les idées de justice, dans le besoin d'ordre, de vérité et de progrès qui avait concouru aux événements de février; ils devaient se placer dans le mouvement réformiste pour combattre le mouvement révolutionnaire.

Cette mission semblait particulièrement dévolue

aux chefs de l'opinion légitimiste; car depuis 1830 la généralité de ce parti avait solennellement protesté contre l'usurpation du pouvoir royal et contre le monopole du cens. On l'avait vu dans tous les congrès de presse se prononcer pour que le droit de suffrage fût étendu à tous les citoyens, sans condition de contributions, et pour qu'il fût mis en pratique par l'élection à plusieurs degrés.

On sait même que le mot *réforme* était sorti originairement des rangs de ce parti, et que la *Gazette de France* l'avait répété tous les jours pendant quinze ans, comme le moyen de rentrer pacifiquement dans le droit, ce qui serait arrivé si le parlement de Louis-Philippe n'eût pas rejeté ce mot, qui fut relevé dans un moment d'impatience et de vertige par MM. Thiers et Odilon Barrot.

La chute du pouvoir usurpé et la conquête du vote universel étaient donc un double triomphe pour ce parti, et il ne lui restait plus qu'à disputer à l'anarchie révolutionnaire les conséquences de ces deux faits pour acquérir la gloire immortelle de terminer la révolution et de sauver la société.

## VI.

Une autre raison devait le déterminer à prendre cette position : l'intérêt de la cause monarchique, qu'il représentait dans le pays.

C'est une vérité banale, que l'usurpation orléaniste a trouvé sa force et sa vie dans l'accession de ce qu'on nomme la classe moyenne. Nous ne dirons pas que le même intérêt les unit ; car cette classe, qui possède de grandes richesses en capitaux engagés dans les affaires industrielles et commerciales, est autant et plus qu'une autre intéressée à la stabilité et à l'ordre. Mais à défaut d'un intérêt commun entre elle et l'orléanisme, il y a une passion commune, la passion de l'usurpation politique.

Dans cette classe, comme dans la maison d'Orléans, *les puînés* veulent devenir *les aînés*. Poliè et empressée à l'égard des familles territoriales quand elles viennent dans ses magasins, elle est heureuse de leur mesurer et de leur vendre ses soieries et ses velours ; mais elle a la prétention de les gouverner et de les tenir dans une sorte de sujétion politique, afin d'abaisser une supériorité sociale à laquelle il lui est impossible d'atteindre. Il est donc tout simple qu'elle préfère un gouvernement de son fait à un gouvernement de droit, même quand ce gouvernement de fait lui offrirait une base moins stable pour ses entreprises et pour ses affaires.

Joignez à cela que l'usurpation orléaniste a tout fait, par la législation et par l'administration, pour favoriser l'accroissement de richesses de la classe moyenne. Cela devait être ; l'intérêt de cette classe était prépondérant dans un corps électoral de deux cent mille censitaires. Ce qui domine dans les élections doit dominer dans le parlement et dans les ministères sortis des majorités parlementaires.

Par la raison que la classe moyenne était dévolue à l'usurpation orléaniste, les chefs légitimistes auraient dû comprendre que la mission de la royauté légitime était non d'affaiblir et d'appauvrir la classe moyenne, dont la puissance est nécessaire à la prospérité et à la grandeur de la France, mais de contenir son ambition dans les limites de l'ordre et de la justice, de lui faire enfin la part d'importance politique qui lui appartient dans une société bien réglée.

Pour remplir cette mission d'impartialité et de sagesse, où le parti légitimiste aurait-il dû chercher son appui et sa force ?

17*

Il ne pouvait les trouver que dans la nation entière, qui, en faisant abstraction de la fraction, assez peu nombreuse, à ce que nous croyons, inféodée à la branche d'Orléans, se compose des masses populaires, des magistrats, des hommes qui ont puisé dans l'étude du droit non l'esprit de chicane et de rapacité, mais l'esprit de légitimité ; du clergé, des anciennes familles territoriales ; en donnant pour lien à ces éléments divers les traditions, les souvenirs, les lois fondamentales de la monarchie représentative, notre droit national enfin, dont il fallait raviver les principes en montrant l'accord de ces principes avec tout ce qu'il y a de raisonnable, de juste et de vrai dans les nouvelles formules sorties du travail intellectuel et de l'expérience du siècle actuel.

Si on se fût placé dans ces principes du droit national français, on y aurait trouvé le droit des assemblées générales à corriger les causes de défaillance que le temps introduit dans l'institution royale, à rétablir cette institution dans sa force et dans sa pureté. On aurait donc pu arriver, par le droit national, à faire juger dans une grande assemblée de la nation la conduite de la branche d'Orléans depuis soixante ans, et à faire décider par cette assemblée les questions de succession à la couronne soulevées et réservées par la Constituante.

Voilà où conduisait logiquement la ligne politique dans laquelle le parti légitimiste avait marché pendant toute la durée de l'usurpation sous la conduite de MM. de Villèle, de Châteaubriand, de Fitz-James, de Brézé, etc., etc., et dont nous avons eu l'honneur, avec notre si regrettable ami et collaborateur M. de Genoude, d'être le défenseur constant et dévoué.

Nous croyons fermement que le sentiment national qui avait renversé l'usurpation orléaniste en 1848 aurait ramené les légitimistes au pouvoir, si leurs chefs avaient su comprendre ce sentiment et s'y placer. Et si on se rappelle le mouvement d'idées qui se manifesta dans les masses populaires dans le sens de nos principes, à la suite des terribles journées de juin, on devra reconnaître avec nous qu'il a fallu plus d'efforts aux chefs légitimistes parlementaires pour tuer ce mouvement qu'il n'en aurait fallu alors pour le faire aboutir.

## VII.

Le moment est venu, puisqu'aussi bien nous faisons des études rétrospectives, d'examiner une accusation qui est sur nous depuis vingt ans, celle d'avoir fait la *division* dans le parti légitimiste.

Ce parti, ou plutôt cette opinion, a, comme toutes les autres, son orthodoxie pratique hors de laquelle sont l'hérésie et le schisme. Nous ne disons pas avec un illustre doctrinaire : « *On peut tenir l'une et l'autre conduite*; » nous croyons qu'il n'y a qu'une conduite dans toute situation donnée, parcequ'il n'y a qu'un bon sens et qu'une logique.

Celui qui fait la division n'est pas celui qui reste dans la logique et dans la vérité quand d'autres veulent en sortir ; c'est celui qui devie de la politique véritable. En religion, sont-ce les catholiques ou les protestants qui font la division des chrétiens?

Un docteur de l'Eglise a très bien exprimé cette distinction, ce droit de la vérité à demander l'unité, quand il a dit : « L'usurpateur fait la guerre civile; « l'empereur défend ses droits. »

En théorie nous n'avons donc pas fait la division, puisque nous sommes resté dans la voie logique qui existe entre les principes et le but de notre parti; nous n'avons fait que suivre, en 1830 et 1848, la tradition des légitimistes de 1814 et de 1815, lorsqu'ils étaient dirigés par MM. de Villèle et Corbière, et par M. de Châteaubriand.

De 1830 à 1833, tous les royalistes étaient avec

nous dans les asssemblées, dans la presse, dans le pays ; tous les hommes notables de notre opinion avaient souscrit une déclaration de principes insérée dans *la Gazette de France* et arrêtée d'accord avec M. de Villèle. M. Berryer lui-même adhéra par une lettre à cette déclaration.

Plus tard il adhéra également à la demande du vote universel, puisqu'il rédigea sur le bureau de Genoude une proposition pour réclamer les assemblées primaires, proposition qu'il remit au président de la chambre. Toutes les *Gazettes* de province furent fondées alors par les royalistes pour soutenir et pour développer ces principes.

L'avénement de la république nous a trouvé dans ces principes, et nous avons continué à les défendre et à les appliquer aux événements, avec l'aide de nos amis politiques ; ce n'est donc pas nous qui avons fait la division en refusant de suivre M. Berryer dans le monopole électoral, dans la coalition de la rue de Poitiers, dans LA FUSION.

Nous étonnerons beaucoup de nos lecteurs quand nous leur dirons que *la fusion,* qui ne date que de 1848 dans le monde officiel, remonte en réalité au-delà de 1833.

Oui, la fusion a commencé du jour où M. Berryer a inauguré LE PARLEMENTARISME DE LA DROITE.

Sans doute ce système de stratégie n'avait pas alors la manifestation et les personnifications qu'il a reçues depuis. L'espérance de *fusionner* les deux branches de la maison de Bourbon ne pouvait pas venir à l'esprit du chef de la droite parlementaire tant que la famille d'Orléans occupait le trône. Mais dès lors M. Berryer conçut la pensée chimérique d'opérer la restauration par le parlement, c'est à dire par le monopole électoral, par la classe moyenne, par la bourgeoisie, en dehors des idées, des principes, des traditions et des intérêts de la nation, idées et principes qui avaient toute leur vigueur dans les classes populaires.

Jusqu'en 1830 la légitimité et la classe moyenne avaient vécu en défiance, et finalement en hostilité l'une à l'égard de l'autre, par suite des pratiques et des menées de l'orléanisme. La restauration avait commis la faute grave, sous le ministère Decazes, de se livrer à ses plus dangereux ennemis et de se séparer de la nation, avec laquelle M. de Villèle et toute la droite, de 1815 à 1820, voulaient la réconcilier.

La loi électorale du 5 février 1817, arrachée à Louis XVIII par les révolutionnaires, avait immobilisé le cens de trois cents francs, et plus tard l'amendement Boin, voté sous le coup des émeutes de juin, comme une concession de la droite à l'esprit de mo-

nopole de la classe moyenne, vint aggraver la situation par les colléges à mille francs et le double vote.
M. de Villèle, comme nous l'avons expliqué ailleurs,
fut renversé en voulant replacer le trône légitime sur
la base du vote de tous. M. de Polignac vint ensuite :
il essaya de rétrécir le monopole afin d'appuyer la
royauté sur l'aristocratie seule, au lieu de donner
celle-ci comme auxiliaire et comme contrepoids à
l'élément populaire, ce qui était la vraie tradition
monarchique, la seule bonne, la seule grande politique.

La révolution de 1830, dégageant notre principe
des piéges et des liens de la charte doctrinaire de
1814, avait rendu tout le parti légitimiste à ses tendances et à ses inspirations. Nous marchions donc
comme un seul homme dans la logique des principes
vrais ; M. Berryer vint changer tout cela.

C'est donc lui qui a fait la division, car il a déplacé
l'axe de notre politique traditionnelle en le plaçant
dans la classe moyenne orléanisée ; il accepta, il ap-
puya le système du monopole électoral, concentrant
toute l'action légitimiste dans l'enceinte du parlement,
et s'efforçant de faire servir la presse de ce grand
parti à soutenir aveuglément les opérations stratégi-
ques du groupe de députés incolores qu'il dirigeait.

On l'a vu, dans la discussion de la loi de régence,

décliner le principe du droit national, qui voulait que ces sortes de questions fussent réglées par des assemblées générales; déclarer que *sa part de droit lui suffisait ;* soutenir la régence des femmes contre le ministère qui proposait la régence par droit d'aînesse. Il croyait faire assez pour la monarchie légitime en plaidant la cause de la duchesse d'Orléans contre le duc de Nemours, et sans doute aussi servir la religion en appelant une régente luthérienne !

Le moindre inconvénient du système de M. Berryer c'était d'annuler l'action de la presse légitimiste en lui faisant quitter la discussion des principes, où elle avait pour elle la logique et l'assentiment de la nation, pour l'appeler à défendre une stratégie stérile, toujours dominée par le fait écrasant du scrutin, dans une assemblée révolutionnaire et usurpatrice.

Que dirait-on d'un général qui enclouerait ses canons faisant *feu supérieur,* pour entraîner ses canonniers dans une position commandée de toutes parts par l'ennemi? C'est là ce qu'entreprit M. Berryer avec une insistance et un esprit de suite qu'aucun échec ne put lasser.

## VIII.

Le bon sens du parti légitimiste résistait, comme on peut le croire, à cette traction du chef de la droite parlementaire, et les trois congrès de la presse qui se tinrent sous l'usurpation finirent par des déclarations contraires à la politique de M. Berryer. Il aurait donc échoué complétement dans son système s'il avait été livré à la seule action qu'il exerçait.

On conçoit que si ce système rencontrait une vive opposition au sein du parti légitimiste il devait trouver les sympathies et l'approbation des partis révolutionnaires.

Aussi tous ces partis proclamèrent-ils M. Berryer le chef des légitimistes, non seulement des légitimites de la chambre, mais encore de ceux qui combattaient dans la presse et qui protestaient dans le pays.

Les raisons de cette exaltation de M. Berryer par les révolutionnaires de toute nuance sont faciles à comprendre. Les orléanistes étaient bien aises de concentrer toute l'action légitimiste dans une opposition parlementaire reconnaissant le gouvernement de juillet et se plaçant au point de vue de ce gouvernement pour juger et pour attaquer les mesures proposées en son nom. *La chasse aux ministres* leur convenait mieux que *la chasse à l'usurpateur*, que cette protestation soutenue dans la presse contre le fait lui-même, au nom des principes violés et des intérêts nationaux méconnus et sacrifiés.

Les républicains trouvaient leur compte à personnifier les opinions légitimistes dans un homme qui répudiait le droit national et le vote de tous pour défendre le monopole et cette mystérieuse origine du pouvoir qu'ils appellent *le droit divin*. La position prise par M. Berryer, ses alliances et ses discours semblaient justifier toutes les accusations, toutes les assertions des révolutionnaires contre les principes et les intentions légitimistes, et fortifiaient cette prévention funeste à l'aide de laquelle on avait dressé l'échafaud de Louis XVI et jeté ses héritiers dans l'exil.

L'usurpation et la révolution avaient beau jeu contre le légitimisme engagé sur le terrain de M. Berryer ; elles étaient triomphantes à peu de frais ; elles trouvaient contre la monarchie toutes les armes de la dialectique, depuis le raisonnement jusqu'au sarcasme ; tous les mouvements de l'éloquence, depuis l'indignation jusqu'à la compassion, depuis l'oraison funèbre jusqu'à l'ironie. Il était tout simple que la révolution voulût replacer nos légions dans la posi-

tion où elles les avait toujours battues. Mais, pour
toutes ces raisons aussi, nous ne pouvions accepter
cette position trop commode pour nos adversaires,
et nous réclamions contre leur prétention de choisir
notre chef et de juger la question d'orthodoxie qui
s'élevait au sein de notre opinion.

Dans ce débat entre la révolution et nous, le fait
l'emporta sur le droit. Mais Berryer était dans la
sphère officielle, et les royalistes en état de protestation n'y étaient pas; il était dans le parlement, et
tous nos amis en étaient écartés par la coalition de
tous les partis parlementaires, à moins qu'ils ne se
liassent, par un acte d'hommage, au chef qu'ils nous
avaient imposé. M. Berryer passa donc en France, et
surtout à l'étranger, pour le chef du parti légitimiste ; et quand M. de Genoude fut envoyé dans le
parlement par la royaliste province du Languedoc,
M. Berryer put faire prononcer son excommunication
par M. Benoist-d'Azy.

Telle était donc la situation conquise par M. Berryer quand la catastrophe de 1848 vint renverser le
parlement du monopole, et faire triompher le vote
universel. M. Berryer reconnut et accepta le fait républicain, comme il avait reconnu et accepté le fait
orléaniste. La *Gazette de France* protesta contre au
nom du parti légitimiste. M. Berryer fut réélu, et
M. de Genoude ne le fut pas.

## IX.

Admis dans une assemblée souveraine et replacé dans cette sphère officielle du pouvoir gouvernemental, on conçoit que M. Berryer fut en position de se faire accepter par l'exil comme le directeur de l'opinion légitimiste. Le représentant du principe monarchique ne pouvait apercevoir à six cents lieues de distance ce qu'il y avait de prestigieux dans cette importance politique accréditée par tous les importants de l'orléanisme et de la révolution. Il ne pouvait découvrir de si loin à quel prix cette situation avait été conquise, et dans quelle voie elle l'entraînait.

Le prince devait donc subir le prestige de ce fait, et son caractère loyal l'empêchait de mettre aucune réserve dans la confiance qu'il accordait à celui qui recevait ses pouvoirs.

M. Berryer, ayant pour lui l'autorité de l'exil, s'en est servi pour maintenir son importance en France, comme il s'était servi de son importance en France pour obtenir l'autorité de l'exil. C'est le pivot sur lequel il a manœuvré pour lutter contre l'esprit, la raison, les tendances et les intérêts de la cause légitimiste, voulant entraîner son parti, et ne faisant qu'augmenter et envenimer les divisions qu'il avait causées.

Ce qui a fait dire que ces divisions venaient de nous, c'est que la révolution a eu, par M. Berryer, la royauté pour elle jusqu'en 1852, comme elle l'avait eue, par M. Decazes, de 1815 à 1820. Et, en réalité, on pouvait croire que nous *désobéissions*, comme avaient *désobéi* le *Conservateur* et toute l'opposition de droite de 1815 à 1820, quand Louis XVIII écrivait de sa propre main aux préfets contre les candidats royalistes. Mais, pour quiconque observe le fond des choses, il est avéré que c'est bien nous qui étions la droite ; car les principes, les intérêts, les sentiments et les traditions légitimistes étaient de notre côté. Le parti orléaniste ne s'y trompait pas. Pendant dixhuit ans il nous honorait et nous honore encore de ses haines de prédilection.

Nous avons été régis depuis 1833, — depuis 1848 surtout,—jusqu'en 1852 par un ministère Decazes. Grâce à Dieu, il est tombé pour ne plus se relever, puisque les pouvoirs ont été retirés à l'ancienne direction parlementaire (1), l'événement ayant prouvé

(1) Nous savons que, nonobstant ce retrait authentique, qui n'a pas été et qui ne sera pas contesté publiquement, ces messieurs

l'enchaînement de ces trois termes : LA DIRECTION PARLEMENTAIRE, C'ÉTAIT LA FUSION ; LA FUSION, C'ÉTAIT L'ORLÉANISME ; L'ORLÉANISME, C'EST LA RÉVOLUTION !

## X.

M. Berryer ayant poursuivi pendant dix-huit années du règne de Louis-Philippe la pensée chimérique d'une restauration par les hommes du gouvernement de fait, avec combien plus d'ardeur ne devait-il pas s'attacher à son rêve quand les princes d'Orléans et leur parti, se trouvant licenciés du trône par la catastrophe de 1848, lui apparaissaient disponibles désormais pour le succès de son dessein.

Nous concevons donc ses espérances de fusion dans les premiers jours, dans les premiers mois qui suivirent la proclamation de la république. Nous ne les comprenons plus quand il vit que Louis-Philippe conservait à Claremont le titre de roi, quand il vit la duchesse d'Orléans se retirer à Eisenach, au lieu de se diriger vers Frohsdorff pour condire ces deux enfants dans les bras du chef de la maison de Bourbon.

Mais les illusions sont filles de notre esprit, et,

continuent secrètement cette direction, pratiquant ainsi cette *indiscipline* dont ils nous accusaient.

quand elles lui sont chères, il les conserve par une création continue, jusqu'au moment où une catastrophe nous replace dans la réalité que nous avons voulu méconnaître.

N'a-t-on pas vu Napoléon, après la bataille de la Moskowa, attendre pendant vingt jours que le czar lui envoyât demander la paix, et conserver encore cette illusion après l'incendie de Moscou.

L'homme qui a engagé sa vie et sa gloire dans une pensée vaine espère contre la raison, contre la vérité ; il appartient par cette espérance à ceux dont il a besoin pour la réaliser, et s'il se livre à eux il n'est plus à lui, il est perdu !

Il y avait dans le parti orléaniste un homme qui suivait une illusion opposée à celle de M. Berryer. C'était M. Thiers.

Nous avons dit qu'en 1830, sous le règne de Charles X, il avait rêvé le gouvernement ministériel.

Il avait dès lors placé son ambition dans une position analogue à celle de M. Pitt *gouvernant le roi* et, par le roi, le royaume.

C'est dans cette pensée qu'il avait renversé la restauration. Mais n'ayant pu gouverner Louis-Philippe, dont il avait été deux fois le ministre, il avait voulu être le Mazarin d'une régence ; et, pour cela, il avait entrepris de faire abdiquer Louis-Philippe sous la pression d'une émeute réformiste, et livré ainsi sans le vouloir l'accès à la république.

Pense-t-on que la catastrophe de février, qui renversa la maison d'Orléans et M. Thiers avec elle, détruisit la chimère de ce personnage ? Nous ne l'avons jamais cru pour notre compte. Il avait fait à son idée trop de sacrifices, elle lui coûtait trop cher pour qu'il voulût la perdre.

Les révolutions n'ont pas le pouvoir de détruire ces identifications intimes d'une pensée et d'une passion avec un homme. Elles peuvent modifier le langage et les paroles de cet homme; mais leur puissance ne va pas au-delà

Sorti de dessous les pavés de février, M. Thiers se retrouva ce qu'il était avant la catastrophe, avec son aspiration vers l'usurpation orléaniste sous la forme régentiste. C'était tout lui. La leçon qu'il avait reçue des événements n'eut d'autre effet que de le forcer à trouver de nouveaux moyens pour atteindre le même but. C'est tout le fruit des châtiments de Dieu sur les hommes qui ne sont pas à lui.

M. Thiers avait donc sa chimère, comme M. Berryer avait la sienne. Liés depuis longtemps par cette intimité qui n'est pas de l'amitié,—parcequ'elle ne se fonde ni sur une estime mutuelle ni sur la confiance, —et qui se contracte entre des hommes d'esprit vivant ensemble dans un milieu d'action et d'intrigue, il y avait dans leurs situations respectives cette différence que M. Thiers, pour réussir, devait cacher son but, et que M. Berryer était obligé d'afficher le sien. L'avantage, dans cette relation, était donc du côté de M. Thiers.

Combien n'était-il pas facile à ce dernier d'attirer, d'enlacer et de retenir M. Berryer en lui faisant entrevoir la possibilité d'obtenir un changement de dispositions dans les princes d'Orléans au moyen de certaines avances, de certaines concessions qui ne pourraient manquer de toucher leurs cœurs, de gagner leur confiance, de les amener *à se réconcilier avec leur cousin....*

Pour atteindre ce but si désirable, on comprend qu'il ne fallait pas parler des principes de légitimité; car les fils de Louis-Philippe ayant été engagés dans une monarchie révolutionnaire, on les blesserait dans leur piété filiale, dans leurs sentiments de famille, dans leur dignité personnelle.... on les ferait reculer dans les souvenirs de leur royauté récente.... on irriterait aussi leurs partisans, encore nombreux et puissants.

La concession du silence était donc la première qu'il fallait faire. M. Berryer la promit, il dit à ses amis de l'Assemblée : « Ne parlons pas à la tribune, évitons

les questions de principes; restons dans la région
des affaires, mêlons-nous dans les bureaux et dans
les commissions avec les orléanistes, soyons pour eux
déférents et affectueux, n'hésitons pas à les mettre
en avant sans exiger d'eux une réciprocité qu'il n'est
pas dans leur humeur de nous accorder. »

Qui ne voit déjà où conduisait ce système?

Le parti légitimiste n'avait été renversé, en 1830,
que parcequ'il était sous le poids d'une prévention
injuste : on avait travesti ses doctrines, calomnié ses
intentions. On avait maintenu sur lui, pendant dix-
huit ans, les imputations les plus odieuses et les plus
folles. Comment pourrait-il se rétablir dans l'opinion
s'il renonçait à la parole?

Après les saturnales impies et sacriléges du régime
de la terreur, est-ce que la religion aurait pu se relever sans la prédication?

Si le clergé catholique avait fait aux philosophes,
aux incrédules et aux protestants la concession de
son silence dans l'espoir de les convertir par sa condescendance et ses ménagements, aurait-il repris
son empire sur les intelligences?

Sans doute nous n'assimilons pas la religion et la
politique, quoiqu'il y ait des profondeurs où elles
se rencontrent nécessairement, puisque la vérité est
une; mais, quelque différence qu'on veuille établir

entre la vérité révélée et la vérité spéculative, il n'en
restera pas moins certain que toute la force du parti
des principes est dans ses principes, et que c'est pour
lui surtout que la parole est la vie, et que le silence
est la mort.

## XI.

Le silence et l'effacement ayant été obtenus des
légitimistes parlementaires, et les princes d'Orléans
persistant à dire « QU'ILS VOULAIENT RESTER A LA DIS-
POSITION DE LA FRANCE, » il fallut chercher à deviner
la cause de leur obstination.

L'attribuer à un orgueil invincible et à la persistance d'une pensée d'usurpation, c'eût été reconnaître qu'on avait soi-même manqué de jugement,
qu'on avait suivi un système pernicieux pour la cause
qu'on défendait. Quel triomphe pour les *avertisseurs
de la Gazette de France !*

On ne pouvait donc s'arrêter à une telle supposition. Evidemment, si les princes d'Orléans ne se
rendaient pas, si M<sup>me</sup> la duchesse Hélène était restée inflexible, c'est qu'on n'avait point fait assez de
concessions, c'est qu'on n'avait pas montré assez

d'abandon. Encore un effort d'abnégation, encore
un pas en dehors de la logique des principes ligiti-
mistes, on allait entraîner la volonté déjà ébranlée
de ces princes.

On ne manquait pas de corroborer ces conseils par
les nouvelles fausses ou dénaturées dont on remplissait les couloirs de l'Assemblée, les salons et les co-
lonnes des journaux fusionistes. On rapportait et l'on
commentait des mots de Louis-Philippe, on citait des
lettres apocryphes, on supposait des démarches, des
messages mystérieux se croisant entre Claremont et
Frohsdorff. Il fallait se hâter de faire éclore ces dispositions favorables, il fallait dissiper par des preuves
de respect et d'affection envers les exilés de Claremont ce qui pouvait rester dans leurs cœurs d'om-
grages et de défiances sur les sentiments, sur les
intentions ultérieures des légitimistes.

C'est à la faveur de ces faux bruits, de ces insinuations fallacieuses que le vote du douaire fut obtenu.

Quelle habileté, quelle imprudence d'un côté, et
de l'autre quelle inintelligence, quel affaissement,
ou quel renoncement coupable des principes, des
devoirs, des sentiments légitimistes !

Par ce vote, qui scandalisa le public, qui indigna,
qui révolta le parti royaliste d'un bout de la France

à l'autre, on légitimait l'usurpation dans ses établissements princiers ; on reconnaissait qu'un parlement élu par deux cent mille censitaires, sous l'empire d'une charte bâclée par une insurrection, avait pu lier la nation française ; on faisait revivre les droits de la mère du comte de Paris ; on la rétablissait dans la légalité nouvelle contre toutes les lois fondamentales de l'ancienne monarchie ; on lui donnait sur le trésor de la république trois cent mille francs pour payer des journaux, pour fomenter des intrigues, pour ourdir des complots contre cette liberté républicaine d'où devait sortir un jour le retour de la France à la monarchie représentative issue primitivement de sa volonté !

Et c'étaient les successeurs des Châteaubriand, des Villèle, des Corbière, des Peyronnet, dans la direction légitimiste, c'était le parti des Kergolay, des Fitz-James, des d'Andigné, des Cony, des Doudeauville, des Castel-Bajac, des La Rochejaquelein, des d'Epinay-Saint-Luc, des confesseurs et des martyrs de la foi légitimiste qui faisaient cette concession désolante à l'orgueil de l'usurpation !

Que la France pardonne aux faibles qui ont été entraînés dans ce vote funeste par un sentiment irréfléchi de discipline parlementaire ; mais quant à ceux qui ont résolu, qui ont exigé de leurs amis ce sacrifice de l'honneur et de la vie d'une cause si grande, si sainte et si belle, que Dieu les juge selon les sentiments qui sont dans leur cœur !

## XII.

Comment les princes de Claremont répondirent-ils à cette abdication de la droite parlementaire ? En faisant demander pour eux, par un de leurs leudes, M. Créton, la faculté de rentrer en France, pendant que le représentant du principe légitimiste resterait confiné par-delà Vienne, au fond d'une vallée du Sneeberg !

Nous ne voulons point écrire ici l'histoire de ce régime du *burgraviat*, sorti du huis-clos de la rue de Poitiers, et qui, dans ce plagiat heureusement rapetissé et abrégé de la grande révolution, fut au règne des Ledru-Rollin et des Caussidière ce que le Directoire fut à la Terreur. (1)

(1) Le burgraviat avait cinq têtes comme le Directoire, avec cette différence que dans ce dernier régime ces cinq têtes étaient des hommes, tandis qu'elles étaient des fractions sous le burgraviat. Nous avions en effet le parti républicain honnête, le parti légitimiste, le parti orléaniste, le parti impérialiste et le parti théocratique de M. de Montalembert.

Cette histoire mérite d'être traitée à part. Nous ne pourrions d'ailleurs contenir les mouvements de notre sang royaliste en voyant une légion de près de deux cents représentants du peuple, envoyés par le parti légitimiste, et qui aurait dû être le bataillon sacré de la cause des principes, entraînée par ses chefs, de la position magnifique où nous avions contribué à la placer, dans cette filière de l'usurpation où tout le corps aurait passé si *la Gazette* et ses amis n'eussent brisé les chaînes qui attachaient le parti tout entier à une direction frappée de vertige.

Quel triste tableau à retracer que celui de ces chefs parlementaires employant l'autorité dérobée à l'exil à faire marcher leurs amis de concession en concession, d'abdication en abdication, à la conquête d'une chimère qui, comme l'horizon pour le voyageur, fuyait toujours devant eux !

Comment rappeler sans amertume cette circulaire datée de Wiesbaden, obtenue par une surprise coupable, comme un gage qu'il fallait donner aux orléanistes contre un système qui conduisait à une restauration par la nation, et au retour de ce droit national, le seul code où se trouvent écrites la condamnation et la juste punition des usurpations de famille ?

Comment montrer les soldats les plus dévoués et

les plus fidèles de la cause monarchique livrés en holocauste à l'orléanisme, désavoués, condamnés, fusillés au nom du roi, comme les héros de la cause de Charles V le furent dans les monts de la Biscaye ?

Comment surtout trouver des expressions assez fortes et assez poignantes pour flétrir et pour déplorer cette association des chefs légitimistes à la destruction du principe de l'universalité des suffrages, à la réhabilitation d'un pouvoir parlementaire se faisant arbitre du droit électoral et cherchant sa base dans le suffrage restreint ?

Que restait-il à ces chefs après le vote de la loi du 7 août, après cette fusion, cette absorption dans la révolution orléaniste ? Il leur restait à se rendre eux-mêmes à Claremont, pour entendre sortir de la bouche même de ces princes, en échange de leur hommage et des titres de *majesté* et d'*altesse royale* qu'ils leur prodiguaient, ces mêmes paroles prononcées dès le lendemain de la catastrophe qui les avait renversés : « NOUS VOULONS RESTER A LA DISPOSITION DE LA FRANCE. »

Une honte plus grande encore leur était réservée : on a osé leur proposer, comme la solution la plus naturelle des difficultés que rencontrait la fusion, l'ABDICATION du représentant de la cause légitimiste en faveur du comte de Paris !

Nous ne nous appesantirons pas sur ces tristes détails, c'est assez que nous soyons obligé de les rappeler; disons seulement que tous ces faits ont excité l'indignation unanime du parti légitimiste en dehors de l'assemblée, et que la protestation dont nous nous sommes rendu l'organe, avec un grand nombre de journaux de province, a conservé le terrain et le drapeau que les parlementaires avaient abandonnés.

Tout le monde a lu cet *ultimatum* exprimé et développé dans les journaux officiels du parti orléaniste, entre autres dans le *Courrier de la Somme*. Combien ne fallait-il pas que l'outrecuidance des suppôts de l'usurpation ait été exaltée par les lâchetés et les défaillances des légitimistes parlementaires pour que cette insolence ait pu se formuler devant la France !

## XIII.

Nous devons seulement relater, avant d'aborder le résultat final de la politique fusioniste par rapport à la situation générale, une modification plus apparente que réelle qui s'est manifestée dans la conduite de M. Berryer.

19*

Visiblement entrainé, pendant deux ans, par l'habileté supérieure de M. Thiers, il se sépara de lui pour se rapprocher d'un autre personnage qui semblait concevoir *la fusion* d'une manière plus raisonnable, et par conséquent plus pratique, en faisant de ce résultat non pas une question princière, mais une question monarchique et nationale.

M. Guizot avait compris, disait-on, que l'ancien parti orléaniste avait un intérêt propre qui ne pouvait dépendre de la conduite bonne ou mauvaise des princes d'Orléans ; et l'on ajoutait qu'en se plaçant dans cet intérêt il jugeait une alliance avec l'opinion légitimiste nécessaire au salut de la société. Il crut donc que l'*utilité* du principe de légitimité pouvait être reconnue préalablement par les conservateurs orléanistes, et que, si les hommes considérables de ce parti adhéraient à cette politique, leurs princes seraient entraînés plus tard dans ce mouvement, pour ne pas se séparer de leurs amis et du parti qui faisait toute leur force.

Nous avons applaudi, pour notre compte, à cette tentative de M. Guizot ; car la reconnaissance d'un principe vrai par des hommes supérieurs est toujours un fait bon et heureux. Nous croyons que les anciens ministres du gouvernement de juillet, les ambassadeurs, les généraux, les magistrats qui avaient accepté le fait de l'intronisation de Louis-Philippe sont encore plus obligés envers la France qu'envers la maison d'Orléans ; et parceque les princes de cette maison n'ont pas le sentiment de leur devoir, ce n'est pas une raison pour que leurs anciens serviteurs refusent à la société le concours de leurs lumières, de leur expérience et de leurs talents.

C'est donc avec une sympathie sincère que nous avons accueilli la modification attribuée à M. Guizot relativement au système de fusion.

Mais si tel était le plan de cet homme d'État, nous devons dire qu'il a commis, dans son exécution, plusieurs fautes qui en ont amené l'avortement.

D'abord, il n'a point fait une abstraction réelle des princes d'Orléans ; car il a cherché à exercer sur eux une pression directe par ses conseils et par ses instances, et nous croyons que c'est son influence qui a déterminé le voyage des chefs légitimistes à Claremont.

Il a ainsi fait croire à ses amis que, dans sa pensée, l'accession de ces princes était une condition indispensable du succès de sa combinaison.

Puis, sa reconnaissance du principe de légitimité a été présentée de telle sorte dans son journal, *l'Assemblée nationale,* qu'elle tendait plutôt à faire de cette idée un moyen qu'un principe nécessaire.

Puis encore, il maintenait, pour qui savait lire, *le droit* de l'insurrection de 1830, ce qui était tenir à la révolution par le fond, tout en abandonnant la forme.

Enfin, et c'est le plus grave de nos griefs, il repoussait et il condamnait le principe de l'universalité des suffrages, qui est une des bases de notre ancienne constitution monarchique, une des traditions de notre droit national, remontant à Clovis et ayant traversé tous les siècles.

Par cette réserve, il conservait le monopole électoral, qui est tout le terrain de l'usurpation orléaniste ; il appelait les légitimistes à se fondre dans le système gouvernemental de juillet ; il glissait malgré lui dans la sphère d'action et d'intrigues de M. Thiers; il tombait dans la trame ourdie par ce personnage au profit de la régence. Sans le savoir et sans le vouloir, il travaillait pour lui.

Nous le disons du fond de nos convictions, si M. Guizot, en acceptant la légitimité, avait accepté en même temps le principe du droit de suffrage avec l'élection graduée, il sauvait la France; car il détruisait l'orléanisme, et par conséquent la révolution. Tout revenait de soi-même dans l'ordre.

Quelle gloire il a manquée ?

Ainsi l'intervention de M. Guizot dans la direction légitimiste n'a été, par le fait et contre sa volonté, qu'une forme de l'action orléaniste pour entraîner le parti légitimiste dans une nouvelle usurpation régentiste, dans *une surprise* au moyen de laquelle on espérait escamoter la France à l'approche de 1852, comme on l'avait escamotée en 1830.

Car, le moment est venu de le dire, c'est là le secret du travail de ces trois années. C'est dans ce but que l'orléanisme a déployé sa fatale activité; c'est à ce but qu'il faut rapporter et l'obstination des princes d'Orléans, et leur attitude expectante, et le mirage de la fusion, et les coalitions de la rue de Poitiers, et les combats contre le droit national, et les conflits suscités et envenimés.

Tout ce qui s'est passé dans ces trois années est compréhensible avec ce fil d'Ariane; on ne voit plus sans lui qu'un labyrinthe inextricable où la pensée s'égare et se perd.

L'orléanisme s'est servi de la direction légitimiste et de l'autorité qu'elle avait dérobée à l'exil pour décréditer, pour détruire la véritable action monarchique en France.

C'est admirablement joué au point de vue de l'abîme. Méphystophélès a bien mérité de son maître!

Mais Méphystophélès lui-même avait-il le dernier secret de son œuvre? Pas plus qu'il ne l'avait en février 1848.

En croyant travailler, en 1851, pour restaurer l'usurpation de 1830, il préparait un nouveau développement de la révolution ; et peu s'en est fallu que le socialisme ne sortît, armé de haches et de brandons, des passions ambitieuses et de l'activité ardente et dévorante de l'orléanisme.

## XIV.

Hommes d'ordre, conservateurs de la civilisation chrétienne que vous avez soutenue avec tant de courage, tant de sacrifices, tant de fatigues et souvent au prix de votre sang, méditez sur ces feuillets si rapidement tracés par une plume libre, sous l'inspiration d'un dévouement sans bornes à la patrie et à la vérité ; comprenez quelle est la cause qui, depuis un demi-siècle, produit toutes ces dissensions civiles dans lesquelles s'épuise votre vie, la vie de la France. Voyez de quelle région élevée souffle sur cette société de trente-cinq millions d'âmes cet esprit orgueilleux, cupide, impatient, voulant à tout prix dominer et jouir ; qui, en affinité avec les passions envieuses dont le germe existe dans le cœur humain, les fomente, les féconde et les irrite ; qui pousse les *cadets* par dessus les *aînés*, les fils par dessus les pères, les bourgeois par dessus les nobles, les ouvriers par dessus leurs patrons, les prolétaires par dessus les propriétaires, l'orléanisme par dessus le légitimisme, le socialisme par dessus l'orléanisme, et souvent chacun de ces deux partis par dessus lui-même.

Regardez bien le travail dissolvant, dévorant de ce virus qui, par l'exemple et par la logique, s'infiltre dans les veines du corps social, corrompt et vicie ce sang français dont autrefois tous les mouvements étaient bons, généreux, héroïques.

L'usurpation, comme le feu, est une force élémentaire. Une parcelle de feu peut incendier la terre ; une pensée d'usurpation peut, par voie de propagation et de développement, bouleverser le monde.

Cette passion, qui ne se contente pas de sa part, quelque grande qu'elle soit (1) ; qui ne respecte le droit ni au dessus ni au dessous d'elle, qui veut obtenir par la ruse ou par la violence ce que les lois divines et humaines ne lui donnent pas, ou ce qu'elles ne donnent qu'au prix du travail, cette passion est le principe de tous les crimes : elle va au meurtre ; elle fait les assassinats et les massacres, elle suscite les insurrections et les jacqueries; et, quand elle s'as-

______

(1) Voir le document n. XII.

séoit sur les trônes, elle fausse toutes les notions du juste et de l'injuste, du bien et du mal ; elle ravage les intelligences et les cœurs ; elle attire sur les nations les châtiments et les cataclysmes.

En 1789, cette passion pénètre dans le cœur d'un prince d'Orléans ; un progrès social se convertit en saturnales anarchiques. Un gouffre s'ouvre et s'élargit, vingt générations s'y précipitent avec tous les trésors de la France, avec son génie, son industrie, ses arts. Le gouffre s'élargit encore ; l'Europe y tombe, des flots de sang inondent la terre. Deux invasions terminent en France, pour un temps, cette immense tragédie...

La même passion, la même pensée d'usurpation se retrouve après vingt-cinq ans dans un autre prince d'Orléans, fils du premier ; bientôt la liberté rendue à la France s'altère et tourne en licence ; l'amour et la confiance se changent en malveillance, en hostilité contre la royauté ; la sagesse devient de l'astuce, le zèle pour le bien public devient la soif du pouvoir, le sophisme remplace le raisonnement, les institutions deviennent des *positions* où l'esprit de révolte s'établit et se fortifie, et rallume ses torches ; on sent partout le venin de l'usurpation pénétrer dans la vie politique : il est dans le parlement, il est dans la presse, il est dans les salons et dans les boutiques ;

il est dans l'air. Les électeurs envoient des régicides, les députés glorifient la terreur, la royauté est insultée à la tribune. Tout se gâte, tout se corrompt, tout s'empreint de haine et d'injustice ; une adresse hypocrite de la chambre élective cache sous des paroles d'amour pour la royauté une exigence insolente et un refus de concours; le gouvernement se trouble, l'insurrection se lève, le trône s'écroule, et l'abîme s'ouvre de nouveau.

L'héritier de soixante rois, le petit-fils de Louis XIV est chassé du territoire par des bandes insurrectionnelles, en vertu d'un ordre signé du petit-fils de Monsieur ! Qui arrêta, qui enchaîna tette révolution évoquée par cette pensée d'usurpation à la seconde génération ? Est-ce le fils de Philippe Égalité dressant son trône dans l'église de Sainte-Geneviève à la place de l'autel du Dieu vivant, chantant la *Marseillaise* au balcon du Palais-Royal, décorant les révoltés, menaçant l'archevêque et le Pape de protestantiser la France, élevant à la tête du grand faubourg une colonne en bronze à l'insurrection ? Non. Ceux qui combattirent la révolution dans les rues où l'appelait l'orléanisme, ceux qui fermèrent les clubs qu'il avait ouverts, ceux qui firent aux anarchistes cette guerre incessante, cette guerre à mort dans laquelle succombèrent une première fois les Barbès, les Blanqui, les Hubert et les Caussidière, ce fut vous, hommes d'oidre, gardes nationaux, magistrats, généraux et soldats; vous qui souteniez à force de bras cet édifice sans base ni ciment, qui passiez vos nuits à le garder, vos jours à réparer les lézardes et les brèches qui se faisaient sans cesse dans ses parois; et peut-être à force de volonté, de dévouement et de sacrifices seriez-vous parvenus à le maintenir contre les lois de la statique, si l'esprit d'usurpation qui l'habitait n'avait ouvert la fenêtre à l'émeute pour qu'elle vint l'aider à substituer la *bru* au *beau-père* sur ce trône que ce dernier occupait depuis trop longtemps au gré des impatients qui l'y avaient placé.

Voilà donc toute votre œuvre de dix-huit ans renversée en quelques heures; voilà l'inondation socialiste qui se fait jour, qui envahit et ravage toute la France. Voilà la propriété, la famille, la religion, l'industrie, le travail, le commerce, le crédit, les finances, l'armée, la justice, tous les biens, toutes les forces de la France livrés à la merci des utopistes, des fous, des affamés de pouvoir et de richesses. Pénélope doit recommencer sa toile. Sisyphe doit rouler de nouveau le rocher qui l'écrase. Il faut vous lever la nuit au bruit du *rappel*, au son du tocsin; il faut marcher sous des chefs suspects, il faut *faire de l'ordre avec du désordre,* payer, soudoyer la révolution pour qu'elle vous laisse quelques instants de trève. Mais bientôt elle forme ses légions avec votre argent; la grande armée des ateliers nationaux s'organise et s'ébranle, et vous présente le combat derrière des barricades formidables. Allez, pères de famille, chefs d'industrie, savants, artistes, propriétaires, élevés dans les douceurs de la sociabilité parisienne, allez présenter vos poitrines aux balles des prolétaires endurcis par le travail, dégagés de liens de famille, combattant pour la conquête du bien-être et du pouvoir. Allez, il le faut; car sans cela vos femmes, vos filles seraient exposées aux outrages ; ces richesses fruit de votre industrie, amoncelées dans des magasins de plain-pied avec la rue et défendues seulement par de frêles vitrages, seraient dévastées et pillées ; vos hôtels seraient ravagés, la barbarie s'emparerait des monuments publics élevés par votre sagesse ; elle en souillerait la majesté, elle danserait dans de sanglantes orgies sur les ruines de cette civilisation de trois mille ans, l'orgueil et la gloire de l'humanité !

Cependant l'émeute est vaincue, le terrible droit de la force disperse ses débris, les refoule dans les cachots et sur les pontons ; le génie de la France, délivré d'une pression funeste, vous envoie des provinces, par le vote universel, une majorité qui prend l'*ordre* pour drapeau. Vous demandez à cette assemblée de consolider les fruits de votre victoire, vous lui demandez de rétablir la société dans son état normal, de mettre votre sécurité conquise sous la protection d'un gouvernement stable...

Mais voici que de l'Angleterre, où l'orléanisme s'est réfugié, l'esprit d'usurpation s'introduit dans cette assemblée ; il la pénètre, il la travaille, il fait tourner en réaction tout ce qui est exigé par la défense de l'ordre. Les intrigues se nouent, les partis cherchent à se tromper et à se surprendre. Et sous la pression d'une date fatale les complots s'ourdissent, les rêveurs de régence entraînent dans leur voie les rêveurs de fusion. Ils refont ensemble les fondements de l'usurpation, tandis que vous leur demandiez de refaire le terrain de la monarchie représentative. Déjà le vote restreint prépare le retour du monopole électoral, déjà l'opinion publique se retire d'une assemblée dominée par un autre intérêt que celui de la France ; le socialisme, refoulé dans les bas-fonds, s'y répand et s'y propage. Les sociétés secrètes s'organisent, le volcan creuse ses galeries souterraines, il les étend, ils les charge d'éléments explosibles.

C'est alors que, voyant votre œuvre de nouveau compromise, vous vous tournez vers les princes d'Or-

léans; vous les conjurez, vous les suppliez de se fondre dans l'institution monarchique afin d'y rétablir
l'unité de direction et d'action, ils refusent; vous
redoublez d'instances, ils refusent encore... Ils vous
proposent l'un d'entre eux pour président de cette
république dont vous les suppliez de vous faire sortir !

Cependant, d'un autre point de l'exil, un appel à
des sentiments de famille vient se joindre à l'appel
de la France. — Vaine démarche ; les fils de Louis-
Philippe, s'endurcissant de plus en plus, restent sourds
à la voix de la monarchie comme à la vôtre et à celle
de leurs amis véritables. — Ils ferment leur cœur au
cri de leur patrie, qui les supplie de l'aider à se sauver de l'abîme, ou du moins de ne pas la troubler
dans les efforts qu'elle fait pour en sortir.

Et cependant les conflits se développent, les complots régentistes redoublent d'activité, l'anxiété est
universelle ; l'édifice social craque en haut, le sol
tremble en bas ; le légitimisme étant neutralisé par
l'impéritie de ses chefs parlementaires, l'avenir est
en suspens entre deux autres partis... Le socialisme
va passer dans la lutte... quand la force militaire met
son épée dans la balance, et comprime une réaction
anarchique que l'orléanisme avait provoquée, et qu'il
n'aurait pu contenir en 1852 mieux qu'il ne l'avait
fait en 1848

20*

Hommes d'ordre, conservateurs véritables, honnêtes citoyens de toutes les conditions, voilà ce que la pensée d'usurpation a fait pour vous dans les trois générations de l'orléanisme ; voilà les fruits de cette branche détachée de la tige royale ! Quatre fois en soixante ans, en 1793, en 1830, en 1848 et en 1852, sous Philippe-Joseph Egalité, sous Louis-Philippe d'Orléans et sous ses fils, cette famille a renversé ou failli de renverser l'édifice social. Si vous pouviez voir les flots de sang qu'elle a fait verser, les désolations et les ruines qu'elle a causées, vous diriez avec nous qu'aucun fléau de l'humanité n'a produit de plus grands ravages !

XV.

Voilà les faits que nous avons voulu mettre en lumière pendant cette période de repos qui semble nous avoir été donnée pour réfléchir et pour étudier les causes dont les effets nous enveloppent et nous entraînent. Après dix-huit ans d'usurpation, pendant lesquels des faits subversifs avaient ravagé les esprits ; après quatre ans de confusion, où les défenseurs des lois morales et des traditions avaient abandonné les principes pour l'intrigue, nous avons cru nécessaire de rétablir dans les esprits la vérité, que tant d'intérêts, tant de passions, tant d'efforts avaient travaillé à dénaturer. Nous avons cru servir notre patrie en refaisant, autant qu'il nous est possible, le fond de l'intelligence publique, base nécessaire de toute construction solide et durable.

Que les conservateurs se souviennent donc de cet exposé sommaire dans les comices et dans le *forum*, dans tous les lieux où s'exerce la vie publique. Qu'ils s'en souviennent dans le foyer domestique, où les enfants reçoivent les premières idées ; qu'ils en gardent la mémoire partout où leur action devra s'exercer sur les destinées de leur pays.

Qu'ils n'oublient pas surtout que dans aucune hypothèse les princes d'Orléans ne sont nécessairement liés à l'avenir de la France ; que, sous la république comme sous la monarchie, non seulement la France n'a pas besoin d'eux, mais qu'elle ne sera paisible que lorsquelle sera solennellement et définitivement séparée d'eux.

Enfin, qu'ils veuillent bien se rappeler que l'idée d'un droit de succession immédiate fait encore aujourd'hui toute l'importance politique des princes d'Orléans et la force de leur parti, et que ce droit de succession est en question non seulement à raison de la conduite de cette famille princière depuis soixante ans, mais aussi à cause de la nature litigieuse des actes sur lesquels il se fonde ; et que par conséquent, dans l'hypothèse même qui pourrait donner ouverture à ce droit, une grande assemblée de la nation serait nécessaire pour décider cette question de succession, *déjà discutée* et EXPRESSÉMENT RÉSERVÉE par la première constituante.

Nous croyons fermement que depuis 1848 l'orléanisme n'est plus possible comme gouvernement; mais il est dangereux comme réactif, comme moyen puissant de faire éclater tout ce qu'il a produit d'éléments révolutionnaires dans la société. Voilà pourquoi c'est un devoir pour tous les bons citoyens de le poursuivre et de le combattre dans toutes ses métamorphoses. Qu'il apparaisse sous la forme républicaine, ou sous la forme monarchique, ou sous la forme impérialiste, il sera toujours l'esprit de monopole, d'exploitation, l'esprit de tyrannie centrale et d'exclusivisme, l'esprit d'arbitraire hostile aux principes et à ceux qui les conservent, l'esprit d'usurpation enfin cherchant à dégager de son sein le gouvernement conforme à sa nature.

Si donc vous voulez fermer le cycle sanglant des révolutions, avant tout et par dessus tout éloignez-vous de l'orléanisme ; car L'ORLÉANISME, C'EST LA RÉVOLUTION !

# DOCUMENTS HISTORIQUES

## ET PIÉCES JUSTIFICATIVES.

# DOCUMENTS HISTORIQUES

## ET PIÈCES JUSTIFICATIVES.

---

### I. (*Page 18.*)

Voici les documents curieux et irréfutables sur les tentatives que fit le duc d'Orléans pour se mettre à la tête des Espagnols contre les armées françaises.

*Lettre du conseil de régence d'Espagne et des Indes à S. M. le Roi des Deux-Siciles.*

De l'île de Léon, le 11 mars 1808.

Sire, les généreux efforts des Espagnols en faveur de leur roi légitime méritent toute la reconnaissance du cœur magnanime de Votre Majesté. L'usurpateur du trône de Votre Majesté a voulu aussi usurper celui de votre auguste neveu.........................
............................................................

En conséquence, le gouvernement qui régit cette vaste monarchie, au nom de Ferdinand VII, désire qu'un prince de votre auguste maison *veuille bien commander une armée espagnole, dans la vue de fomenter l'insurrection dans l'intérieur de la France*, et d'arracher le diadème ensanglanté du front des dominateurs qui l'oppriment.

Le Sérénissime duc d'Orléans, prince renommé par ses actions militaires et ses connaissances, et qui est uni à une fille de Votre Majesté, *est le personnage le plus propre à l'accomplissement de nos désirs.* Nous lui offrons une armée en Catalogne et dans les autres provinces oú sa présence pourra être utile, pour atteindre le but élevé auquel nous aspirons...............................

Que Dieu accorde à Votre Majesté, etc.

> *Signé :* Xavier de Castanos père ;
> Fr. de Saavera ;
> B. de Ercano ;
> Mirg. de Lardizabal y Uribe.

*Traduction de la lettre du conseil suprême de la Régence d'Espagne et des Indes à S. A. R. monseigneur le duc d'Orléans.*

Sérénissime Seigneur,

........................................................

Votre Altesse a exprimé le désir de combattre dans les armées espagnoles et de défendre la cause de votre auguste famille : des circonstances impérieuses ont entravé jusqu'à présent ce généreux désir ; mais aujourd'hui tous les obstacles étant heureusement levés, le suprême conseil de régence offre à Votre Altesse le commandement d'une armée en Catalogne.

........................................................

Nous sommes charmés d'avoir occasion de manifester à Votre Altesse notre affection envers sa personne et notre admiration pour ses hautes qualités.

Que Dieu conserve Votre Altesse, etc.

> *Signé :* Xavier de Castanos père ;
> Fr. de Saavera ;
> A. de Ercano ;
> Mirg. de Lardizabal y Uribe.

Ile Royale de Léon, le 4 mars 1810.

*Réponse de Son Altesse sérénissime monseigneur le duc d'Orléans au Conseil suprême de Régence.*

Seigneurs,

Le cri que la nation espagnole a jeté contre l'odieuse agression de Bayonne, en jurant de conserver son indépendance et sa fidélité à son roi légitime le Seigneur don Ferdinand VII, *n'a jamais cessé de retentir dans mon cœur ; et depuis cette époque le premier de mes vœux a été d'obtenir l'honneur que Votre Majesté me fait aujourd'hui en me permettant d'aller combattre avec ses armées.* C'est le 5 de ce mois que j'ai reçu la lettre en date du 4 mars, par laquelle elle a bien voulu m'appeler au commandement d'une armée en Catalogne. Avec le consentement du roi des Deux-Siciles, mon beau-père, je quitte le commandement de ses armées, que Sa Majesté daignait me confier sous le prince héréditaire son fils ; je quitte les plans dont nous nous occupions pour la défense même de la Sicile ; je m'arrache, après six mois bien courts, à des liens de bonheur, et *j'accepte cette honorable invitation avec le plus grand empressement et la plus profonde reconnaissance.*

. . . . . . . . . . . . . . . . . . . . . . . . . . . . . . . . . . . . . . . . . . . . . .

Je sens profondément toutes les obligations que m'impose *l'honneur que vous me faites de m'appeler à commander les Espagnols* et à les aider à remplir les grandes destinées qui leur sont offertes . . . . . . . . . . . . . . . . . . . . . . . . . . . . . . . . . . . . . . .

L'adoption dont ils m'honorent fera ma gloire ; je n'en ambitionne d'autre que celle qui leur appartiendra à tous, et qui fera particulièrement la gloire de Votre Majesté.

*Signé :* L.-P. D'ORLÉANS.

Palerme, 7 mars 1810.

## II. (*Page 18.*)

Voici le texte de la déclaration *écrite* que le duc d'Orléans déposa, en 1803, à Hartwell, entre les mains de Louis XVIII :

### DÉCLARATION D'HARTWELL.

Nous déclarons qu'étant convaincu que la grande majorité du peuple français partage tous les sentiments qui nous animent, nous faisons, tant au nom de nos loyaux compatriotes qu'en notre propre nom, le serment solennel et sacré que nous avons prêté sur notre épée, à notre roi, de vivre et de mourir fidèle à notre honneur et à notre souverain légitime !... Si l'injuste emploi d'une force majeure parvenait (ce qu'à Dieu ne plaise) à placer *de fait* et non *de droit* sur le trône de France tout autre que notre roi légitime, nous déclarons que nous suivrions avec autant de confiance que de fidélité la voix de l'honneur, qui *nous prescrit* d'en appeler jusqu'à notre *dernier soupir* à Dieu, aux Français et à notre épée.

## III. (*Page 21.*)

### PROCLAMATION AUX FRANÇAIS.

Français,

On me force à rompre le silence que je m'étais imposé, et, puisqu'on ose mêler mon nom à des vœux coupables et à de perfides insinuations, mon honneur me dicte, à la face de l'Europe entière, une protestation solennelle que me prescrivent mes devoirs.

Français ! on vous trompe, on vous égare ; mais qu'ils se tromptent surtout ceux d'entre vous qui *s'arrogent le droit de se choisir un maître*, et qui, dans leur pensée, outragent par de séditieuses espérances un prince le plus fidèle sujet du roi de France.

*Le principe inexorable de la légitimité* est aujourd'hui la seule garantie de la paix en France et en Europe ; *les révolutions n'en ont fait que mieux sentir la force et l'importance.* Consacré par une ligue guerrière et par un congrès pacifique de tous les souverains , ce principe deviendra la règle invariable des règnes et des *successions.*

Oui, Français, je serais fier de vous gouverner, mais seulement si j'étais assez malheureux pour que l'*extinction* d'une branche illustre eût marqué ma place au trône. Ce serait alors seulement que je ferais connaître aussi des intentions *peut-être bien éloignées de celle qu'on me suppose et que l'on voudrait me suggérer.*

Français! je ne m'adresse qu'à quelques hommes égarés ; revenez à vous-mêmes, et proclamez-vous fidèles sujets de Louis XVIII et de ses *héritiers naturels*, avec l'un de vos princes et de vos concitoyens.

Signé : Louis-Philippe, duc d'Orléans.

Paris, 1816.

----

## IV. (*Page* 33.)

Voici ce qu'on lit dans un écrit relatif à la naissance du duc de Bordeaux :

« En entrant chez madame la duchesse de Berry, mademoiselle
« d'Orléans dit à la duchesse, sa belle-sœur :

« Enfin, il n'y avait personne.

« Je vous demande pardon, lui répondit quelqu'un qui se trouvait
« derrière elle ; M. le maréchal Suchet y était.

« Le duc d'Orléans ne sut pas se contenir devant madame de
« Gontaut, à qui on avait remis le nouveau-né, et les propos furent
« si amers et si offensants que cette dame tout en pleurs s'écria :

« C'est horrible ! M. le maréchal, venez donc répondre à M. le
« duc d'Orléans,

« Cependant on réfléchit au Palais-Royal sur une conduite qui
« aurait été plus remarquée dans une autre circonstance.

« Le lendemain, mademoiselle Adélaïde fut envoyée à madame
« de Gontaut. Joséphine, lui dit-elle, vous êtes en colère contre
« mon frère; mais il faut pardonner à un premier mouvement bien
« naturel. On ne perd pas sans regret une couronne pour ses en-
« fants. Je vous assure qu'aujourd'hui il est tout à fait bien. »

Des articles scandaleux furent publiés dans le *Morning-Chronicle*, au nom de S. A. S., et dans le même temps M. le
duc d'Orléans fit auprès du maréchal Suchet une démarche
qui offensa cruellement toute la famille royale. — « Monsieur le maréchal, avait-il dit, votre loyauté m'est connue :
vous avez été témoin de l'accouchement de madame la duchesse de Berry ; est-elle réellement mère d'un prince ? —
Aussi réellement que monseigneur est père de monsieur le
duc de Chartres. »

Un conseil de famille s'assemble et délibère ce qu'on devait faire à l'égard du duc d'Orléans. Mais à ce moment, il
accourut, et traita d'infâmes et calomnieux tous les bruits
qui couraient sur son compte; quant à sa visite à M. Suchet,
il voulait par là, assurait-il, mettre un terme aux propos
absurdes des ennemis du roi et se porter garant vis-à-vis
d'eux.

------

## V. (*Page 54.*)

MM. de Sémonville, d'Argout et de Vitrolles se rendent
auprès de la commission municipale. M. de Sémonville leur
dit « qu'il venait de voir le roi à Saint-Cloud ; qu'il lui avait
« fait connaître la véritable position de Paris ; que le roi
« ignorait tout : on lui avait tout caché ; ses larmes avaient
« coulé en apprenant le sang versé à torrents par la mi-

« traille. L'orateur en était encore tout ému. Il ne pouvait
« penser sans attendrissement à ce vieillard vénérable pleu-
« rant sur les malheurs de son peuple. »

M. de Sémonville déclare que les ordonnances sont rap-
portées ; que M. de Mortemart formerait un nouveau ministère ; que le portefeuille était destiné au général Gérard, et
un autre portefeuille à un homme qui avait toute leur sympathie ; il se tourna en même temps du côté de M. Casimir
Périer.

M. de Vitrolles s'offrit en otage entre les mains de la
commission, jusqu'à ce que toutes ses promesses fussent
ratifiées.

M. de Schonen dit : « Il est trop tard. »

M. Mauguin répondit que des négociateurs devaient toujours être entendus ; en même temps, il demanda à M. de
Sémonville *des pouvoirs écrits : « Dans une affaire aussi*
« *grave, on ne pouvait s'en rapporter qu'à des pouvoirs*
« *écrits.* »

M. de Sémonville, de son côté, avoua « *qu'il n'y avait pas*
« *pensé.* »

L'observation de M. Mauguin mit fin aux négociations.

M. Casimir Périer, après le départ des trois commissaires,
dans des paroles confuses, fit comprendre que sa pensée
était toute favorable au roi.

L'on voit quelle incertitude régnait dans la pensée des
acteurs de ces journées, et avec quelle facilité on aurait pu
les faire entrer dans une voie de négociations. Les commissaires eux-mêmes les auraient acceptées de grand cœur, et
la chambre était alors dans des dispositions au moins aussi
favorables.

Nous rapportons ici le récit qu'en fait M. Sarrans jeune,
qui ne peut-être suspect dans ses appréciations à l'égard
des royalistes :

« Il y avait convocation des députés chez M. Laffitte pour dix heures du matin. La réunion fut encore plus nombreuse que la veille. M. de Broglie y parut. C'était pour la première fois, depuis les troubles, qu'on entendait parler de la chambre des pairs, et qu'on en apercevait un échantillon. On voyait aussi M. Thiers, qui dans la journée du mercredi, au moment du combat, avait déclaré à plusieurs personnes qu'il sortait de Paris pour veiller à sa sûreté personnelle.

Pour la première fois il fut question publiquement du duc d'Orléans. « Il fallait se presser, disait-on, de lui donner la couronne. « Il n'y avait pas un instant à perdre, sinon la république serait « proclamée. » Ce thème était exploité à l'envi et de vingt manières différentes, quand M. Bérard prit la parole ; il venait de voir M. de Mortemart, qui demandait à être admis dans la réunion pour faire connaître les dispositions de Charles X. On pensa qu'il fallait le recevoir ; et, pour y mettre plus de solennité, on s'ajourna à midi à l'hôtel de la chambre, mais en comité secret ; M. Bérard fut chargé de prévenir M. de Mortemart.

A midi, nouvelle réunion de la chambre. Comment M. de Mortemart serait-il reçu ? lui préparerait-on une pièce d'attente ? les huissiers iraient-ils au devant de lui ? seraient-ils chargés de l'introduire ? Ces graves questions d'étiquette occupaient les esprits. On s'en débarrassa en chargeant la questure de tous les détails de la cérémonie. Cependant M. de Mortemart qu'on attend ne vient pas ; il est une heure, le temps presse ; *la disposition des esprits est manifeste. Si M. de Mortemart se présentait, la réunion* TRAITERAIT AVEC LUI ; elle se contenterait peut-être de la révocation des ordonnances et d'un nouveau ministère ; *elle exigerait au plus que la couronne fût placée sur la tête du Dauphin ou de Henri V.* Au milieu de cette oisiveté inquiète de l'assemblée, M. Mauguin demande que les pouvoirs donnés à la commission de l'Hôtel-de-Ville fussent clairement définis. « Il n'y avait pas à s'aveu-« gler. Il était urgent de s'occuper du salut de la capitale. Les trou-« pes royales étaient à Saint-Cloud ; elles pourraient recevoir des « renforts, tenter une attaque, et, selon les projets de Charles X,

« reprendre et prolonger la guerre. Vincennes et les arsenaux
« étaient en leur pouvoir. Comment ferait-on à Paris? qui prendrait
« les mesures administratives nécessaires pour assurer à la popula-
« tion combattante des poudres et des armes? La prudence com-
« mandait de prévoir tous les événements; même pour assurer la
« paix, il fallait préparer la guerre. »

A ces mots de guerre, d'armes, de préparatifs, les centres laissèrent échapper presque des cris d'improbation et de surprise. *Il
fallut des voix de la gauche*, et notamment celle de M. de Corcelles, pour leur rappeler que, *si Charles X persistait à se battre,
il fallait bien se préparer à résister, à moins qu'on ne voulût
se rendre.*

---

## VI. (*Page* 79.)

Nous empruntons à une publication de M. le duc de
Valmy : *De la force du droit et du droit de la force*, un document curieux pour éclairer la conduite de ce prince. C'est
une lettre écrite par lui à Charles X, le 31 juillet, lorsqu'il
voulait obtenir du roi le titre de lieutenant-général nécessaire pour lui donner le gouvernement. Cette lettre, rappro-
chée de l'ordre donné, le 3 août, à Lafayette, aux commissaires et au général Pajol, prouve la duplicité de ce prince :

Le récit qu'on va lire est le résumé fidèle des confidences que
nous avons reçues des auteurs ou des témoins du drame secret que
nous allons rappeler.

C'est dans la nuit du 31 juillet, vers une heure après minuit, que
M. le duc d'Orléans fit appeler au Palais-Royal un personnage investi de toute la confiance du roi Charles X, et momentanément
retiré au palais du Luxembourg; c'est dans un cabinet où le lieutenant général du royaume avait fait jeter un matelas pour prendre
quelque repos que les explications ont été échangées. L'entrevue
fut longue; elle dura plusieurs heures. L'avenir de la monarchie y
fut examiné; la responsabilité de la maison d'Orléans, les éventua-

lités d'un couronnement, tout fut prévu et discuté ; et, en dernière analyse, M. le duc d'Orléans exprima ses résolutions dans une lettre qu'il adressa au roi Charles X, et qu'il confia au personnage qu'il avait fait appeler. Celui-ci, de retour au palais du Luxembourg, remit la lettre à un serviteur fidèle, et le chargea de la porter secrètement à Trianon, où le roi s'était retiré en quittant Saint-Cloud, avec recommandation expresse d'anéantir cette dépêche à tout prix en cas d'arrestation pendant le trajet. La lettre portait pour suscription : *au Roi ;* plus bas : *le duc d'Orléans.*

Au moment d'emporter ce précieux document à travers des lignes ennemies, le fidèle serviteur voulut se munir d'une copie, afin de la transmettre au roi si les circonstances l'obligeaient à faire disparaître l'original. Cette précaution était justifiée par les circonstances.

Cependant la chambre où il se trouvait était dénuée de tout : une plume fichée dans un vieil encrier de verre formait le mobilier du bureau ; le papier manquait absolument. Toutefois la Providence, qui se plaît souvent à montrer son intervention dans ces grandes péripéties, avait permis qu'un ancien traité des ordres du Saint-Esprit et de Saint-Michel se trouvât là pour recevoir la copie des explications de la maison d'Orléans, et la rendre plus sacrée : le feuillet le plus blanc de ce livre, celui qui portait la table des matières, en fut arraché, et la copie de la lettre du lieutenant général du royaume y fut écrite dans un moment où la révolution était déjà maîtresse du Palais-Royal. Ce feuillet, gardé pendant quinze ans dans une boîte de ferblanc, par celui qui l'a écrit, nous a été confié en 1845, dans l'espoir que nous en ferions l'usage le plus loyal et le plus profitable.

Voici donc la copie authentique de la lettre du duc d'Orléans au roi Charles X. Le public jugera si nous avons répondu à la confiance qu'on nous avait témoignée :

« *M. de *** dira à Votre Majesté comment l'on m'a amené* « *ici par force ; j'ignore jusqu'à quel point ces gens-ci pourront* « *user de violence à mon égard ; mais si dans cet affreux dé-* « *sordre il arrivait que l'on m'imposât un titre auquel je n'ai* « *jamais aspiré, que Votre Majesté soit bien persuadée que je*

« *n'envierais toute espèce de pouvoir que* TEMPORAIREMENT, *et*
« *dans le seul intérêt de* NOTRE MAISON.

« *J'en prends ici l'engagement formel envers Votre Majesté.*
« *Ma famille partage mes sentiments à cet égard.*»

Palais-Royal, 31 juillet 1830.

Signé (FIDÈLE SUJET.)

Nous savons positivement ce qu'est devenu l'original de cette lettre : le moment n'est pas arrivé de le dire.

---

Voici une lettre adressée par Louis-Philippe au lieutenant-général Pajol, le 3 août 1830, que nous trouvons dans un ouvrage publié en 1844, autorisé par le ministre de la guerre d'alors et ayant pour titre : *Fastes de la Légion-d'Honneur*. (Biographie du lieutenant-général Pajol.)

## *Lieutenance générale du Royaume.*

Paris, 3 août 1830.

S. M. Charles X ayant abdiqué sa couronne et S. A. R. monseigneur le Dauphin ayant également renoncé à ses droits, il est devenu *indispensable* qu'ils s'éloignent immédiatement du territoire français ; en conséquence, le lieutenant-général comte Pajol est chargé de prendre *toutes les mesures pour les y déterminer* et pour veiller à la sûreté de leurs personnes. Il sera mis à sa disposition toutes *les forces dont il aura* BESOIN.

Signé LOUIS-PHILIPPE D'ORLÉANS.

*Le commissaire provisoire du département de la guerre,*

Comte GÉRARD

D'Henri V, pas un mot !

M. de Conny, dont la fidélité héroïque s'est manifestée par sa belle protestation à la chambre des députés, nous révèle dans le passage suivant d'un de ses ouvrages : l'*Avenir de la France*, jusqu'où allait la confiance de Charles X à l'égard de son cousin le duc d'Orléans :

« J'arrivai à Trianon ; je fus à l'instant même dans le cabinet du roi ; la plus profonde douleur était empreinte sur les traits de l'auguste vieillard : je rendis compte au roi de la situation de Paris... — Vous pouvez être certain , Sire , qu'entre votre gouvernement et la république le choix n'est pas douteux... Cependant, une circonstance redoutable vient aggraver la position terrible dans laquelle nous nous trouvons ; nous avons devant nous un autre danger. Le nom de *M. le duc d'Orléans* est à peine, il est vrai, prononcé dans les groupes, et *n'excite* aucune sympathie dans les diverses classes du peuple ; mais il est certain que quelques députés influents du côté gauche et du centre gauche ont voulu appeler ce prince au trône. Chaque minute voit ce parti se fortifier ; des amours-propres froissés, d'ardentes et ambitieuses vanités se hâtent de s'y rallier. C'est là qu'est le danger ; mais il est grave, le moment presse, chaque minute perdue est irréparable. Comment se fait-il, sire, que, dans les conjectures terribles où se trouve la monarchie, *M. le duc d'Orléans ne soit point encore accouru près de votre majesté.* — Je le crois encore à Saint-Leu , me dit le roi. *Mais mon cousin n'accéderait point aux propositions qui lui seraient faites ; le souvenir de son père est présent à sa mémoire ; son fils nous est attaché.* —Sire, lui dis-je, la place de M. le duc d'Orléans, celle de son fils sont auprès de vous ; c'est depuis trois jours qu'ils devraient y être... C'est près de vous, sire, que leurs serments les appellent ; c'est en défendant la France qu'ils doivent mourir... Ordonnez, sire, que la force les y contraigne, ordonnez que les

gardes aillent les chercher à Saint-Leu, à Neuilly, partout
où ils seront. Ordonnez-le, sire, mais ordonnez-le à l'instant même; dans quelques minutes, il ne sera plus temps.
Le roi était profondément ému; son esprit était vivement
combattu; je crus qu'il allait céder à ce conseil... La porte
du cabinet s'ouvre; un officier entre avec précipitation :
« Sire, dit-il, les troupes ont évacué Saint-Cloud; les insurgés l'occupent et marchent sur Versailles. »

---

## VII. ( *Page* 119.)

Voici ce que nous lisons dans le journal officiel, sous la
date du 31 juillet 1830 :

PROCLAMATION ADRESSÉE AUX FRANÇAIS PAR LES DÉPUTÉS
RÉSIDANT A PARIS.

« Français !

« La France est libre. *Le pouvoir absolu* levait son drapeau :
« l'héroïque population de Paris l'a abattu. Paris attaqué a fait
« triompher par les armes la cause sacrée qui venait de triompher
« dans les élections. UN POUVOIR USURPATEUR de notre repos
« menaçait à la fois la liberté et l'ordre. Plus de crainte pour les
« droits acquis ; plus de barrière entre nous *et les droits qui nous*
« *manquent encore.*

« Un gouvernement qui, sans délai, nous garantisse ces biens
« est aujourd'hui le premier besoin de la patrie. Français, ceux de
« vos députés qui se trouvent déjà à Paris se sont réunis ; et, en
« attendant (lisez *sans attendre*) l'intervention régulière des cham-
« bres, ILS ONT INVITÉ un Français, M. LE DUC D'ORLÉANS, *qui*
« *n'a jamais combattu que pour la France,* A EXERCER LES
« FONCTIONS DE LIEUTENANT GÉNÉRAL. C'est en effet, à leurs
« yeux, le plus sûr moyen d'accomplir promptement la paix le
« succès de la plus légitime défense.

« Le duc d'Orléans est dévoué à la cause nationale et constitu-
« tionnelle : *il en a toujours défendu les intérêts et professé les
« principes.* Il respectera nos droits, *car il tiendra de nous les
« siens.* Nous nous assurerons par des lois toutes les garanties né-
« cessaires.

« Français ! le duc d'Orléans lui-même a déjà parlé, et son lan-
« gage est celui qui convient à un pays libre. Les chambres vont se
« réunir, vous dit-il ; elles aviseront aux moyens d'assurer le règne
« des lois et le maintien des droits de la nation.

« La charte sera *désormais* une vérité. »

Donc elle n'était pas une vérité sous Charles X.

Au bas de cette proclamation nous lisons, entre autres noms, ceux
de MM. *Benjamin Constant, Giraud de l'Ain, Duvergier de
Hauranne, Méchin, Salverte, Dupont de l'Eure, Corcelles,
Jacques Laffitte, Audry de Puyraveau, Bignon, Charles
Lameth, Labbey de Pompières, Dupin aîné, Charles Dupin,
Persil et* VATIMESNIL !

---

## VIII. ( *Page* 159. )

Nous racontions ainsi, dans *la Gazette* du 22 mai 1851,
en réponse aux articles injurieux de *l'Ordre*, la conversation que nous eûmes quelques jours avant la révolution de
février avec un des hommes qui fut un des principaux acteurs dans les événements de 1848.

« Huit ou dix jours avant le 24 février, il y avait chez M. de Genoude un dîner de vingt couverts. Des députés de la gauche avancée,
engagés dans la revendication du vote universel, étaient au nombre
des convives.

« Parmi ces députés il s'en trouvait un qui, depuis, a joué un
grand rôle dans la fondation de la république démocratique, et qui
alors était associé aux amis de M. Chambolle dans une opposition au
système de M. Guizot.

« Ce député, homme très spirituel, avait eu les honneurs de la conversation par ses saillies brillantes, par la verve et l'entrain avec lesquels il racontait des anecdotes piquantes sur les hommes et sur les choses des phases révolutionnaires auxquelles il avait pris part. Il me paraissait, quand on se leva de table, dans cette animation qui suit les succès qu'on a obtenus.

« Dans la préoccupation où j'étais des événements prêts à éclater, je jugeai que la disposition où je le voyais était favorable pour ob tenir de lui des ouvertures sur les projets de l'opposition.

« Je le pris donc immédiatement à part dans une embrasure, et je lui dis :

« — Vous allez évidemment triompher. Comment cela finira-t-il ?

« — Cela finira bien. Le roi sera forcé d'abdiquer ; la duchesse d'Orléans sera régente, avec un conseil de régence, où seront tous les hommes les plus considérables de l'opposition. Nous donnerons satisfaction aux besoins de réforme et d'honnêteté publique ; la corruption cessera ; nous aurons des bases plus larges...

« — Qui sera président du conseil?

« Il me nomma un des chefs de l'opposition, que *l'Ordre* ne nous sommera probablement pas de faire connaître.

« Je lui demandai alors si on consulterait la nation avant de réaliser les changements ; et sur ses réponses évasives je brisai l'entretien en lui disant : Vous êtes des scélérats, vous allez nous faire encore un escamotage...

« Voilà notre entretien, très fidèlement et très exactement rapporté. Je ne dis pas toute la vérité, *je ne dis que la vérité.*

« Que l'on rapproche de cette conversation tous les faits qui se sont passés le 24 février, la résistance militaire paralysée, le mot de M. Thiers sur le Carrousel : *Ne répondez pas au* FEU ! Louis-Philippe signant malgré lui son abdication, la duchesse Hélène se rendant avec ses eufants à la chambre des députés, les discours qui ont été commencés dans cette séance ; qu'on en rapproche la lettre du maréchal Bugeaud et un certain papier perdu... on verra si *l'Ordre* est fondé à nous accuser de calomnie. »

22

Nous extrayons d'une brochure remarquable qui vient de paraître, *la Faction orléaniste*, par M. A. Remy, les passages suivants, dans lesquels se trouve une anecdote assez curieuse :

La régence de madame la duchesse d'Orléans est née d'une conspiration de palais.

Quant à l'histoire de cette conspiration, elle est aussi curieuse qu'instructive, — instructive au point de vue de la génération des faits dans l'ordre providentiel, curieuse en elle-même comme épisode de la révolution de 1848. Nous la résumons en quelques lignes :

Il y avait à Paris deux personnages dont l'un, qui avait été déjà plusieurs fois ministre, voulait encore le redevenir, et dont l'autre, qui ne l'avait pas encore été, voulait le devenir au moins une fois. Le premier, c'est M. Thiers ; l'autre, c'est M. Odilon Barrot.

Mais le vieux roi, qui avait trop expérimenté celui-là et qui éprouvait je ne sais quelle répugnance à essayer celui-ci, se montrait sourd à l'ambition de l'un et de l'autre, et paraissait décidé à s'en tenir désormais à M. Guizot, qui, depuis sept ans déjà, était le ministre docile de la pensée immuable.

Dans cette occurrence, M. Thiers et M. Barrot comprirent qu'ils n'arriveraient à leur but qu'en prenant d'assaut la volonté de Louis-Philippe. C'est pourquoi ils organisèrent l'affaire des banquets.

Ils étaient, certes, bien loin d'avoir la pensée de pousser la chose jusqu'à une révolution ! Ils voulaient simplement placer Louis-Philippe devant une manifestation populaire, dont ils avaient tracé d'avance le programme et qu'ils comptaient diriger, c'est à dire dont ils se flattaient de rester maîtres. Le vieux roi une fois intimidé au degré convenable, ils seraient là pour recevoir dans leurs mains son abdication, et pour faire proclamer la régence de madame la duchesse d'Orléans, dont ils seraient les deux Mazarins.

Mais les ambitieux proposent, et Dieu dispose.

La manifestation populaire, une fois mise en branle, échappa aux mains qui croyaient pouvoir la retenir à leur gré, et se mit à faire les choses avec une telle rapidité qu'au moment où Louis-Philippe se résignait enfin à abdiquer en faveur de M. le comte de Paris la régence de madame la duchesse d'Orléans était déjà distancée à la Chambre des députés par la nomination d'un gouvernement provisoire, et que le ministère des deux Mazarins s'écroulait de son côté devant la proclamation de la république à l'Hôtel-de-Vllle !

Le 24 février, vers midi, M. Odilon Barrot, accompagné de MM. Bavoux, Etienne Arago et Millot, descendait, devant le ministère de l'intérieur, d'une voiture derrière laquelle se tenait juché, sans doute faute de place dans l'intérieur, un autre personnage dont le nom nous échappe. M. Barrot s'installa dans le cabinet du ministre, et fit immédiatement expédier aux départements, par le télégraphe, la dépêche suivante :

*« Le roi a abdiqué.*

*« La duchesse d'Orléans est nommée régente. »*

Au moment où nous traçons ces lignes, nous avons sous les yeux l'original de cette dépêche, écrite sous la dictée de M. Barrot par M. Millot, qui remplissait près de lui les fonctions de secrétaire. Cette pièce porte, comme signe de son caractère officiel, et imprimées en noir, ces deux indications : *Ministère de l'intérieur.* — *Cabinet du ministre.*

Cela fait, M. Barrot commanda pour six heures un dîner auquel il invita plusieurs élèves de l'Ecole polytechnique qui se trouvaient au ministère.

Mais bientôt arriva comme un coup de foudre la nouvelle de la nomination d'un gouvernement provisoire et de la proclamation de la République !

M. Barrot évacua immédiatement le ministère.

Quant au dîner qu'il avait commandé, il fut mangé par M. Ledru-Rollin et ses amis, comme le mouvement réformiste organisé au profit de la régence avait été escamoté par la République !

## IX. (*Page* 169.)

Nous lisons *dans la Relation authentique* les détails suivants :

La famille royale quitta le palais par le grand vestibule et en
prenant l'avenue centrale du jardin jusqu'à la place Louis XV. —
Les six petits-fils du roi étaient portés dans les bras des personnes
de sa suite. Devant la façade qui donne sur le jardin se trouvait un
fort détachement de la garde nationale à cheval, que le général
Dumas, aide-de-camp du roi, avait prudemment placé là pour pro-
-téger le passage.

Le roi ne s'était évidemment pas attendu à être forcé de quitter
la France. Il ne prévoyait que son éloignement de Paris et des en-
virons de la capitale. Il supposait qu'un nouveau gouvernement
aurait apaisé les troubles et que son absence suffirait pour empêcher qu'on soupçonnât la régence de n'être qu'un instrument de ses
mains. En se sacrifiant ainsi à ce nouveau gouvernement, le roi
contemplait sans doute comme terme de son voyage le château
d'Eu, en Normandie, résidence favorite réparée et embellie par lui :
ce serait là, pensait-il, la retraite de sa vieillesse. Mais, pour sortir
de Paris, il fallait nécessairement se diriger du côté de Saint-Cloud,
et, en conséquence, il paraît qu'aussitôt l'abdication résolue les
voitures de la cour reçurent l'ordre de se rendre à la grille des Tuileries qui s'ouvre sur la place Louis XV, — grille qu'on appelle
encore du Pont-Tournant à cause d'un ancien pont-levis jeté sur les
fossés du château.

Il restait par bonheur dans la cour, et par conséquent hors
de la portée de la populace, deux de ces petites voitures à un cheval, appelées *brougham*, et un cabriolet à deux roues appartenant
à la maison du roi, pour l'usage des aides-de-camp et des personnes
du service qui avaient des courses à faire en ville. Le duc de Nemours, resté dans la cour des Tuileries pour commander les troupes
qui s'y étaient retirées, eut l'heureuse présence d'esprit de penser
que, quelque insuffisantes que fussent ces petites voitures (construi-

tes pour contenir deux personnes seulement), elles pourraient au moins recevoir quelques membres de sa famille, et à défaut d'autres il les fit conduire, par le guichet de la cour et les quais encore libres, jusqu'au lieu où les voitures de voyage avaient eu l'ordre de se trouver. La famille royale était cependant déjà arrivée avant les voitures, et ce fut pour elle une pénible surprise de ne pas voir celles qu'on y avait commandées; elle fut entourée par une foule à travers laquelle il fallut se frayer un passage jusqu'au pied de l'obélisque, au centre de la place,.... *lieu rempli de terribles souvenirs, où se multipliaient les sujets d'alarmes!*

Dans ces voitures, construites, nous le répétons, pour contenir six personnes en tout, *quinze* s'entassèrent, nous ne savons, en vérité, comment. Dans une entrèrent le roi et la reine avec les deux jeunes princes de Cobourg, fils de la princesse Clémentine, et le petit duc d'Alençon (fils du duc de Nemours), qui fut jeté comme un paquet après les autres. Dans la seconde se mit la duchesse de Nemours (grâce et beauté, dit M. de Lamartine, de cette famille où grâce et beauté ne manquent pas), avec son fils aîné et sa fille, la fille de la princesse Clémentine et trois femmes de la suite. Le duc de Montpensier, le général Dumas et une des femmes de la reine remplirent le cabriolet : outre ces personnes, deux ou trois autres se placèrent comme elles purent à côté des cochers. La princesse Clémentine, trop heureuse d'avoir vu ses enfants arrachés au danger immédiat, prit le bras de son époux : ils se mêlèrent à la foule, s'échappèrent, allèrent chez un ami, et de là, par le chemin de fer de Versailles, rejoignirent le roi à Trianon.

Cette rapide accumulation d'événements dans un intervalle de quinze ou vingt minutes était bien suffisante pour faire perdre courage aux plus braves et troubler les plus fermes; mais aucun membre de la famille ne perdit un seul moment sa présence d'esprit. Il n'est pas vrai, comme l'ont dit M. de Lamartine et le capitaine Chamier, que la reine s'évanouit ni qu'elle fut portée sans connaissance dans les bras du roi à la voiture (1). Au contraire, ce fut elle qui y plaça

(1) M. de Lamartine a dit : « Les forces, surexcitées par la longue crise, avaient défailli au grand air dans les nerfs de la reine. Elle sanglotait, elle

ses petits-enfants, prenant sans choix, parmi ces petits princes, ceux qui étaient le plus près d'elle. Le roi conserva son sang-froid calme et vigilant, et, par quelques mots adressés à chacun de ceux dont il était forcé de se séparer, il contribua à la bonne fortune qui, *per varios casus et per tot discrimina rerum*, finit par réunir toute sa famille dans un lieu de sûreté.

Le général Berthois, aide-de-camp du roi de service, avait pris avec lui un détachement de cavalerie, et il eût voulu escorter les voitures ; mais il fut arrêté, renversé de son cheval et maltraité par la populace : il ne dut son salut qu'aux efforts énergiques de quelques personnes animées de meilleurs sentiments. Le général Rumigny, autre aide-de-camp du roi, et le capitaine de Pauligue, officier d'ordonnance, plus heureux que M. de Berthois, purent gagner Saint-Cloud, —M. de Rumigny dans une diligence et M. de Pauligue sur un cheval de l'escadron, confondu avec l'escorte.

Les trois petites voitures, avec leurs illustres voyageurs si merveilleusement entassés, furent bientôt parties. Le général Regnault Saint-Jean-d'Angély, commandant la brigade de cavalerie concentrée sur la place, prit le commandement de l'escorte du roi, qui se composait du 2ᵉ régiment de cuirassiers, sous le colonel Reibel, et d'un détachement de la garde nationale à cheval. Cette escorte enveloppa complétement et cacha les voitures. Elle avait à peine parcouru quatre ou cinq cents mètres du trajet, lorsque la nécessité de ce déploiement de forces pour la sûreté du roi devint évidente. Devant le pont des Invalides, une populace qui saccageait et brûlait le corps-de-garde paraissait d'abord disposée à arrêter les voitures ; mais l'attitude d'une cavalerie formidable l'intimida et la repoussa sans qu'on tirât un coup de feu. Le poste de la barrière de Passy, quoique très mêlé, présenta les armes en silence. Mais l'escorte n'alla pas plus loin que Saint-Cloud.

La même considération qui, par des causes contraires, avait frappé M. de Lamartine, *que Saint-Cloud était trop près de Paris,* —avait aussi frappé le roi. Lamartine pensait que ce pro-

chancelait, elle trébuchait au dernier pas ; il fallut que le roi la soulevât dans ses bras pour la placer dans la voiture.» (Tome 1ᵉʳ, p. 149.)

che voisinage pourrait menacer la république; — le roi, qui n'avait pas encore entendu le mot *république, pensait qu'il pourrait embarrasser la* RÉGENCE, et qu'il vaudrait mieux, sous tous les rapports, se rendre tout de suite à sa dernière destination, — le château d'Eu.

Mais comment y arriver, — sans équipages, — sans argent? Le départ avait été si précipité qu'on n'avait pas songé le moins du monde à tout ce qui aurait été le premier soin du voyage dans la vie privée.

Mais à côté de ces difficultés matérielles il en était d'autres encore plus sérieuses. Toutes les postes étaient dérangées; les chemins de fer coupés : d'ailleurs, impossible d'aller atteindre aucune des deux lignes qui passent dans la direction d'Eu, soit celle de Rouen, soit celle d'Abbeville, sans traverser des localités sous l'influence de l'esprit hostile de Paris. Dans cette difficulté, et voyant qu'il ne pouvait demeurer à Saint-Cloud *sans y être troublé par la populace parisienne*, le roi aurait pu se jeter dans la nouvelle forteresse du mont Valérien, le plus facile à défendre de tous les fameux forts détachés, où il aurait résidé en sûreté aussi longtemps que cela lui eût convenu. Mais ce plan, s'il lui vint même un seul moment à l'esprit, aurait été naturellement rejeté comme ayant trop l'air d'une provocation. Il fut donc résolu de pousser jusqu'à Trianon, — plus éloigné que Saind-Cloud du volcan révolutionnaire qui faisait son irruption dans la capitale. Le général Dumas loua deux omnibus à Saint-Cloud, et ils servirent à transporter la famille royale jusqu'à Trianon.

Mais Trianon était encore trop près de Paris : Trianon est presque dans Versailles, où il n'y avait pas de troupes, toute la garnison étant à Paris. A Trianon, d'ailleurs, aucune facilité pour continuer le voyage jusqu'à Eu. Le général Dumas fut donc dépêché à Versailles, où il loua deux *berlines*. Il emprunta aussi à un ami particulier la somme de 1,200 fr. Ces ressources, quelque faibles qu'elles fussent, étaient bien nécessaires dans ce moment, quoique ne pouvant guère servir au but immédiat, qui était de gagner Eu.

Il était clair que si toute la famille partait ensemble, non seulement elle ne pouvait conserver son incognito, mais encore qu'elle serait arrêtée sur les routes de traverse faute de chevaux. Il devint donc absolument nécessaire de se séparer et de se partager les risques. On espérait que s'il y avait un danger personnel pour le roi, il n'y en aurait que pour lui seul, aucun pour les femmes et les enfants, si même on interceptait leur retraite. Une des berlines fut donc réservée pour la princesse Clémentine et son mari, le prince de Saxe-Cobourg, avec leurs trois enfants et la petite fille du duc de Nemours, la princesse Marguerite, qu'accompagnaient le docteur Pigache et M^{me} Angelet. M. Aubernon, préfet de Versailles, se chargea de ce détachement, et s'y prit si bien qu'il arriva en sûreté à Eu, d'où il repartit pour Boulogne. Ce fut à Boulogne qu'à bord du paquebot les mêmes personnes rencontrèrent le duc de Nemours, arrivé directement de Paris, et avec qui elles débarquèrent à Folkestone le dimanche 27 février.

Les autres membres de la famille royale occupèrent l'autre berline et un des omnibus qui les conduisirent à Dreux. Là, le roi possède un antique donjon, antérieur, selon quelques archéologues, à l'invasion romaine de la Gaule, et le vieux château de Dreux, qu'il avait fait réparer et arranger, afin d'avoir une résidence passagère, une espèce de station pieuse, près de la chapelle bâtie par lui au milieu de ces ruines, en remplacement de celle qu'on détruisit dans la révolution. Sépulture de ses ancêtres maternels, cette chapelle était devenue plus récemment aussi la sépulture de sa propre famille ; il y avait enseveli sa sœur, la compagne et l'amie fidèle de sa vie aventureuse, — son fils bien aimé, son héritier présomptif et l'espoir de sa vieillesse, — sa fille accomplie, l'illustration artistique de sa dynastie. A cette résidence à demi meublée, séjour de tristesse, il venait en voiture de louage, par une sombre nuit d'hiver, *menant le deuil de la monarchie* (révolutionnaire), comme disait Mirabeau sur son lit de mort. Les annales du monde offrent-elles un pareil exemple des vicissitudes de la fortune? Quelle transition? Avoir déjeuné comme *roi* dans le brillant palais des Tuileries, et venir souper en proscrit dans le château de Dreux; — avoir, sur un coursier richement caparaçonné, passé la revue sur la place du

Carrousel, et voyager dans l'omnibus de Saint-Cloud ; avoir été proclamé le plus opulent souverain de l'Europe, et être réduit à emprunter 1,200 fr.; — s'être levé tout puissant dans le palais de ses ancêtres, et se cacher fugitif dans le tombeau de ses enfants !

De bonne heure dans la matinée du 25 février, avant que le roi se fût levé de son lit à Dreux, arriva de Paris la nouvelle que la régence avait échoué, que la république était proclamée, — que le jeune roi, son frère et les deux régents avaient été emportés dans le tumulte populaire, et que personne ne savait ce qu'ils étaient devenus.

Nous ne pouvons donner ici, à cause de leur étendue, la suite de ces détails ; c'est dans la *relation authentique*, composée, nous dit l'auteur, sur des renseignements communiqués par Louis-Philippe lui-même, qu'il faut lire les circonstances de cette fuite.

Voici d'autres détails relatifs à la fuite de la duchesse d'Orléans et de ses deux fils, que nous empruntons au même ouvrage.

« La princesse est entraînée dans la salle ; elle tombe, avec sa
« faible suite et ses enfants, au milieu du tumulte d'assaillants qui
« déborde les corridors extérieurs des tribunes ; elle échappe avec
« peine à l'insulte, *à l'étouffement, à la mort*, grâce à son sexe,
« à *son voile*, qui l'empêche d'être reconnue, et aux bras de quel-
« ques députés, parmi lesquels on distingue M. de Mornay (le gen-
« dre du maréchal Soult) ; mais, séparée par l'ondoiement des
« groupes de ses deux enfants et du duc de Nemours, elle parvient
« seule, avec ses défenseurs, à percer la foule d'insurgés et à des-
« cendre les escaliers qui ouvrent sur la salle des Pas-Perdus. — Là,
« de nouvelles vagues de peuple l'enveloppent, la submergent, la
« font flotter d'un mur à l'autre, comme un débris dans une tem-
« pête ; ils la jettent enfin, à demi étouffée et presque évanouie,
« contre une porte vitrée dont les carreaux se brisent sous le choc
« de ce frêle corps de femme. Revenue à elle, elle ne voit plus ses

« enfants ; elle les appelle, on les lui promet, on court les chercher
« *sous les pieds de la foule.*

« Pendant ce temps-là, on parvient à former un groupe de quel-
« ques amis autour de la princesse ; on ouvre une des portes vi-
« trées de plain-pied avec le jardin de la présidence ; on l'entraîne
« ensuite par ce jardin jusque dans le palais du président, pour y
« attendre son sort et y recueillir ses enfants. — Le comte de Paris,
« arraché par le tumulte à sa mère et désigné au peuple comme le
« roi futur, avait été brutalement saisi à la gorge par un homme
« d'une taille colossale : la main énorme et osseuse de ce *frénéti-*
« *que* étouffait presque le pauvre enfant, en faisant, dans un *jeu si-*
« *nistre,* le geste de l'étrangler Un garde national qui cherchait
« l'enfant, témoin de cette odieuse profanation, rabattit d'un coup
« de poing vigoureusement asséné le bras de cet homme sans âme,
« lui arracha le jeune prince, et le porta tout tremblant et tout
« souillé sous les pas de sa mère, qui fondit en larmes en l'embras-
« sant. » (LAM., tome 1er, p. 214 et 215.)

L'autre petit prince, le duc de Chartres, était tombé dans le cor-
ridor de la chambre, et il fut immédiatement égaré, foulé aux
pieds de la multitude, « dont le bruit ne laissait pas même entendre
ses cris étouffés. » Ceux qui s'étaient chargés de protéger la duchesse crurent qu'il y aurait du danger pour sa vie et celle de son
fils aîné si l'on s'arrêtait pour retrouver le duc de Chartres. Et ils
entraînèrent la mère désespérée. En effet, le torrent emportait
toutes les résistances : l'enfant, échappé miraculeusement, en fut
quitte pour quelques meurtrissures ; il fut relevé par un des huissiers de la chambre (M. Lipmann), qui l'emporta dans son loge-
ment, contigu au palais. Après l'avoir déguisé comme un enfant de
la basse classe, il le remit à M. et à M.me de Mornay, qui le firent
cacher dans la maison d'une pauvre femme, dans le voisinage de
leur hôtel, où ils n'osèrent pas, à ce qu'il paraît, garder le pauvre
enfant. Ce fut là qu'il resta deux jours, sa mère ne sachant ce qu'il
était devenu ; M. de Mornay ne pouvait le lui apprendre, *parce-*
*qu'elle aussi était cachée.*

La duchesse avait heureusement atteint l'hôtel de la Présidence avec le comte de Paris ; mais on jugea qu'il y avait du danger pour elle à ce qu'elle y restât même le temps nécessaire pour qu'on pût chercher et ramener le jeune duc de Chartres. Elle fut donc entraînée bien vite à l'hôtel des Invalides et dans les appartements du gouverneur.

« Le maréchal Molitor avait reçu la princesse, le comte de Paris « et le duc de Nemours, dans ses appartements, pendant quelques « heures ; le vieux soldat, malade et *troublé* de la responsabilité « des événements, avait témoigné, sur la disposition des Invalides, « des *doutes*, et sur la *sécurité de cet asile* des inquiétudes *qui* « *avaient profondément découragé la confiance* de la princesse « et de ses amis.

« Pendant que le maréchal faisait préparer un dîner pour ses « hôtes, et que des conseils d'amis se tenaient autour d'elle, la « princesse, *qui avait sans cesse devant les yeux le souvenir* « *de la captive du Temple et l'image de son fils remis aux mains* « *d'un autre Simon*, avait résolu de ne pas prolonger d'une heure « son séjour aux Invalides. »

Le départ précipité de la duchesse eut lieu sur l'avis pressant de M. Odilon Barrot, qui vint dire, à six heures du soir, que l'irritation croissante de la populace et la connaissance qu'on avait de la présence de la princesse aux Invalides rendaient indispensable qu'elle partît immédiatement. Par suite de cet avis, elle partit avec son fils, sous la sauvegarde de M. Anatole de Montesquiou, pour le château de Ligny à quelques lieues de Paris. Là elle resta cachée quelques jours, et là encore, après deux jours de cruelle anxiété, le duc de Chartres lui fut rendu : enfin « *elle quitta ce château sous* « *un déguisement,* » et, prenant par le chemin de fer d'Amiens, elle arriva à Lille.

« L'ombre de la révolution, dit M. de Lamartine, la poursuivait « toujours. Au seuil de la France elle tremblait encore d'y être re- « tenue et de laisser à ses fils le sort des enfants de Marie-Antoi- « nette ; mais ce n'était plus la France sans justice et sans pitié, la « *France des prisons et des échafauds.* »

La duchesse, cependant, franchit la frontière de France, et s'arrêta, pendant quelques semaines, avec ses deux fils, à Ems, ville d'eau thermale sur la rive droite du Rhin. Elle se sendit ensuite au château d'Eisenach, que son oncle maternel, le grand-duc de Saxe-Weimar, avait mis à sa disposition.

---

## X. (*Page 172.*)

Voici dans quels termes Louis-Philippe sollicitait l'appui de la Russie. On verra, en pesant chacune de ses phrases, quelle humilité règne dans tout le cours de cette lettre, signée par le *roi des Français.*

*Lettre du roi des Français à S. M. l'empereur de Russie, en date de Paris, 29 août 1830.*

« Monsieur mon frère,

« J'annonce mon avénement à la couronne à Votre Majesté Impériale, par la lettre que le général Athalin lui présentera en mon nom ; mais j'ai besoin de lui parler avec une entière confiance sur les suites d'une catastrophe que j'aurais tant voulu prévenir.

« Il y a longtemps que je regrettais que le roi Charles X et son gouvernement ne suivissent pas une marche mieux calculée pour répondre à l'attente et aux vœux de la nation. J'étais bien loin pourtant de prévoir les prodigieux événements qui viennent de se passer, et je croyais même qu'à défaut de cette allure franche et loyale dans l'esprit de la Charte et de nos constitutions, qu'il était impossible d'obtenir, il aurait suffi d'un peu de prudence et de modération pour que ce gouvernement pût aller longtemps comme il allait ; mais, depuis le 8 août 1829, la nouvelle composition du ministère m'avait fort alarmé ; je voyais à quel point cette composition

était suspecte et odieuse à la nation, et je partageais l'inquiétude gé.
nérale sur les mesures que nous devions en attendre, Néanmoins,
l'attachement aux lois, l'amour de l'ordre ont fait de tels progrès
en France que la résistance à ce ministère ne serait certainement
pas sortie des voies parlementaires si, dans son délire, ce ministère
lui-même n'eût donné le fatal signal par la plus audacieuse violation
de la Charte et par l'abolition de toutes les garanties de nos libertés nationales, pour lesquelles il n'est guère de Français qui ne
soit prêt à verser son sang. Aucun excès n'a suivi cette lutte terrible.

« Mais il était difficile qu'il n'en résultât pas quelque ébranlement
dans notre état social ; et cette même exaltation des esprits, qui les
avait détournés de tant de désordres, les portait en même temps
vers des essais de théories politiques qui auraient précipité la France
et peut-être l'Europe dans de terribles calamités. C'est dans cette
situation, Sire, que tous les yeux se sont tournés vers moi ; les
vaincus eux-mêmes m'ont cru nécessaire à leur salut, je l'étais encore plus peut-être pour que les vainqueurs ne laissassent pas dé-
générer la victoire ; j'ai donc accepté cette tâche noble et paisible,
et j'ai écarté toutes les considérations personnelles qui se réunissaient pour me faire désirer d'en être dispensé, parceque j'ai senti
que la moindre hésitation de ma part pourrait compromettre l'avenir de la France et le repos de tous nos voisins. Le titre de lieutenant général, qui laissait tout en question, excitait une défiance
dangereuse, et il fallait se hâter de sortir de l'état provisoire, tant
pour inspirer la confiance nécessaire que pour sauver cette charte
si essentielle à conserver, dont feu l'empereur votre auguste frère
connaissait si bien l'importance, et qui aurait été très compromise
si l'on n'eût promptement satisfait et rassuré les esprits.

Il n'échappera pas à la perspicacité de Votre Majesté ni à sa
haute sagesse que, pour atteindre ce but salutaire, il est bien désirable que les affaires de Paris soient envisagées sous leur véritable
aspect, et que l'Europe, rendant justice aux motifs qui m'ont dirigé,
entoure mon gouvernement de la confiance qu'il a droit d'inspirer.
Que Votre Majesté veuille bien ne pas perdre de vue que, *tant que*

Charles X a régné sur la France, *j'ai été le plus soumis et le plus fidèle* de ses sujets, et que ce n'est qu'au moment où j'ai vu l'action des lois paralysée et l'exercice de l'autorité royale totalement anéanti, que j'ai cru de mon devoir de déférer au vœu national, en acceptant la couronne à laquelle j'ai été appelé. C'est sur vous, Sire, que la France a surtout les yeux ; elle aime à voir dans la Russie son allié le plus naturel et le plus puissant, et sa confiance ne sera point trompée, J'en ai pour garantie le noble caractère et toutes les qualités qui distinguent Votre Majesté Impériale. Je la prie d'agréer les assurances de ma haute estime et de l'inaltérable amitié avec laquelle je suis, etc.

*Signé* : LOUIS-PHILIPPE.

Voir aussi, sur le même sujet, une brochure qui vient de paraître : *Trois pages de l'histoire de Louis-Philippe*, par M. Louis de La Roque, dans laquelle il donne des détails très curieux sur la mission de M. de Mortemart en Russie, en 1831.

---

## XI. (*Page* 178.)

Nous extrayons le passage suivant d'un livre très remarquable de M. Alfred Brossard, qui a paru dernièrement sous ce titre : *de la Souveraineté française selon l'histoire.*

La question de fusion réduite au droit étroit, que pouvait apporter dans le pacte la maison d'Orléans? Que pouvait-elle prétendre et recevoir !

Elle ne pouvait qu'apporter sa renonciation à son titre électif, et nous avons vu la faiblesse, pour ne pas dire l'inanité, de ce titre. Elle ne pouvait prétendre et recevoir que la consécration de ses droits héréditaires. Mais, de deux choses l'une , ou ces droits sont certains et entiers; à quoi bon les consacrer? ou ils sont douteux , et alors ils ne peuvent recevoir leur confirmation d'un arrangement clandestin, conclu sous le manteau de la cheminée, mais bien seulement du jugement de la nation consultée.

Ceci nous mène à examiner si, d'après les lois de l'ancienne monarchie, la branche d'Orléans est encore apte à succéder *de plano* à la couronne de France, au défaut de la branche aînée des Bourbons.

Il suffit que cette question puisse être résolue négativement ; il suffit même qu'elle présente des doutes pour expliquer :

D'une part, l'éloignement plus instinctif que raisonné que la majorité du parti légitimiste a marqué pour la politique de fusion , telle qu'elle se produisait ;

De l'autre, la persistance avec laquelle la majorité du parti orléaniste a recommandé à ses princes une attitude expectante qui leur réservât les bénéfices de toutes les chances, même les plus faibles, et l'option de toutes les éventualités.

Si maintenant nous nous reportons à l'ancien droit monarchique, nous savons déjà que le plus proche parent en ligne masculine du dernier roi est l'héritier *légitime et nécessaire* de la couronne. Il est saisi de plein droit par la mort de son prédécesseur ; et il ne dépend pas plus de celui-ci de l'exclure qu'il ne dépend de lui de ne pas hériter. C'est là loi fondamenta e de la monarchie.

Le fait de porter une couronne étrangère n'est point un titre d'exclusion pour le prince français qui en est revêtu. La royauté indépendante de Navarre n'exclut point Henri IV de la succession ; et si Henri III, partant pour la Pologne, se fit donner des lettres patentes pour assurer le droit de sa naissance, ce fut une précaution surabondante que l'état de trouble du royaume pouvait rendre opportune, mais qui n'était pas légalement nécessaire. Si un tel fait eût été une cause de déchéance et d'exclusion, vingt princes de la maison de France n'auraient pas abandonné leurs droits éventuels à la plus belle couronne du monde pour aller porter les lis sur tous les trônes d'Europe.

A ne considérer donc que le tableau généalogique de la maison de France et de ses diverses branches, le chef des Bourbons d'Espagne serait, par l'extinction de la postérité masculine du roi Charles X, l'héritier naturel et légitime de la couronne française. (1)

Mais ceux qui admettent dans ce cas le droit immédiat d'hérédité de la maison d'Orléans allèguent les renonciations réciproques d'Utrecht, qui ont exclu les Bourbons d'Espagne du trône de France et appelé immédiatement la branche d'Orléans, tout comme si celle d'Espagne n'existait pas. Cet argument paraît décisif au premier coup d'œil. Il n'en est pas tout à fait de même à la discussion, et il y a en effet lieu d'examiner :

1° Si les renonciations d'Utrecht ont eu et ont pu légalement avoir pour effet d'exclure à jamais et d'une manière absolue les Bourbons d'Espagne de la succession de France ;

2° Si, en admettant qu'elles aient eu cette vertu, elles n'ont pas été annulées par l'effet de l'abrogation de la loi salique en Espagne ;

(1)

Louis XIII.

| Louis XIV. | | 2. Philippe de France, premier duc d'Orléans. |
|---|---|---|
| | | 3. Le Régent. |
| 3. Le Grand Dauphin. | | 4. Louis, troisième duc d'Orléans. |
| 4. Le duc de Bourgogne. | 4. Philippe V. | 5. Louis-Philippe, quatrième duc d'Orléans. |
| 5. Louis XV. | 5. Charles III (et les cinq Bourbons de Parme). | 6. Louis-Philippe-Joseph, cinquième duc d'Orléans. |
| 6. Louis, Dauphin. | 6. Charles IV (et les six Bourbons de Naples). | 7. Louis-Philippe. |
| 7. Charles X (et ses frères). | 7. Don Carlos. | 8. Ferdinand-Philippe, duc d'Orléans. |
| 8. Charles-Ferdinand, duc de Berry. | 8. Don Carlos Luis, (comte de Montemolin). | 9. Louis-Philippe d'Orléans, comte de Paris. |
| 9. Henri de France, comte de Chambord. | | |

N. B. Nous avons négligé, pour plus de simplicité, dans cet abrégé généalogique, la suite des Bourbons de Parme et de Naples. Le roi actuel de Naples descend de Louis XIII, souche commune de tous les Bourbons existants, au huitième degré, et le duc de Parme au neuvième.

3° Et si, en admettant même dans toute hypothèse la validité des renonciations, la maison d'Orléans n'a pas elle-même compromis son droit hériditaire par son acceptation de la royauté élue et conventionnelle en 1830.

Lorsque le duc d'Anjou alla prendre possession du trône d'Espagne, auquel l'appelait le testament de Charles II, ses droits éventuels et ceux de sa postérité à la couronne de France étaient constants ; ils furent surabondamment consacrés par des lettres patentes de décembre 1700, enregistrées en la chambre des comptes et au parlement de Paris, ainsi que cela avait eu lieu, comme on l'a vu, pour Henri III.

Par une juste réciprocité, Philippe V reconnut et garantit, par une déclaration solennelle donnée à Madrid le 29 octobre 1703, les droits éventuels des autres branches de la maison de France, y compris naturellement celle d'Orléans, à la succession d'Espagne.

Mais la perspective menaçante de l'union possible des sceptres de France et d'Espagne dans la même main avait armé les puissances maritimes contre les effets du testament de Charles II. Et lorsque la lassitude d'une part, et de l'autre la chance non moins menaçante de voir, dans un temps très rapproché, tous les diadèmes de la maison d'Autriche réunis sur la tête de Charles VI, demeuré, avec son frère Joseph I<sup>er</sup>, le seul mâle de sa race, déterminèrent l'Angleterre (1710) à entrer sérieusement dans des négociations de paix, la première et principale condition qu'elle posa à Louis XIV fut la séparation absolue et éternelle des deux couronnes.

Louis XIV y donna les mains ; mais la difficulté était d'assurer cette séparation. Pour y parvenir, le ministère britannique exigea de la part du roi d'Espagne une renonciation solennelle de ses droits à la couronne de France (mars 1712) ; or cette renonciation était formellement contraire au droit public du royaume, qui n'admet pas que l'héritier légitime, étant *héritier nécessaire*, puisse abdiquer son droit, et *à fortiori* celui de sa postérité née ou à naître.

Le marquis de Torcy fit connaître loyalement la difficulté aux ministres d'Angleterre. Dans sa dépêche (mars 1712), il exposa les principes fondamentaux de la monarchie dans les termes employés

23*

par Jérôme Bignon et que nous avons déjà cités ; il concluait en disant *qu'il n'y a aucune renonciation qui puisse détruire* la loi de la succession monarchique ; « et si le roi d'Espagne renonçait à « son droit pour l'amour de la paix et pour obéir au roi son grand- « père, ce serait le tromper et bâtir sur le sable que de recevoir « une telle renonciation comme un expédient suffisant pour préve- « nir le mal qu'on se proposait d'éviter. » (*Torcy*, t. 11, pag. 151.)

Le ministre anglais (Bolingbroke) reconnut la solidité de l'objection ; mais il comprit que, si illégal que fût un tel acte au point de vue de la constitution de la France, son insertion dans le traité aurait pour effet d'ouvrir aux puissances contractantes un droit d'intervention pour empêcher l'union des deux couronnes. C'est dans ce sens qu'il répondit à Torcy :

« Nous voulons croire que vous tenez en France qu'il n'y a que « Dieu seul qui puisse abolir la loi sur laquelle votre droit de « succession est fondé ; mais vous nous permettrez aussi de croire « en Angleterre qu'un prince peut se départir de ses droits par une « cession volontaire, et que celui en faveur de qui il aurait fait sa « renonciation pourrait être soutenu, dans ses prétentions, par les « puissances qui en auraient garanti le traité. »

L'arrière-pensée qui perce à la fin de ce paragraphe de créer un parti en France dont l'intérêt fût en opposition avec l'union des deux couronnes sur la même tête, se trouve nettement reproduite dans le passage suivant, extrait de la lettre 8 du même Bolingbroke sur l'*Etude et l'usage de l'Histoire.*

« En vérité, je ne sais pas si ce serait un paradoxe que d'affirmer « que l'expédient qui fut pris, et qui devait toujours se présenter « à l'esprit, d'exclure Philippe et sa race de la succession de « France, par cela même qu'il créait un intérêt chez tous les autres « princes du sang, et par conséquent un parti en France même « pour cette exclusion, quand le cas arriverait, était de sa nature le « plus efficace qui pût être pris, etc., etc. » (Bolingbroke, lettre 8, p. 230.)

Après une longue négociation, on convint de renonciations réciproques des princes de France à la couronne. Dans cette circonstance il arriva ce qu'il arrive souvent ; c'est que l'Angleterre et ses alliés exigèrent le plus pour obtenir le moins, et qu'en vertu de la maxime *quod abundat non vitiat* ils stipulèrent plus que les lois fondamentales de France ne pouvaient leur accorder, afin d'assurer leur grand et principal objet, la séparation des deux royaumes.

Ces renonciations furent faites solennellement par Philippe devant les cortès d'Espagne, le 5 novembre 1712, et par les princes de France, par devant notaires, le 9 du même mois.

L'Angleterre avait demandé que ces dernières fussent ratifiées par les états généraux ; cette prétention fut repoussée. Les historiens philosophiques du siècle dernier, et notamment Duclos, ont mis ce refus sur le compte du despotisme jaloux de Louis XIV, qui ne voulut pas, selon eux, reconnaître aux états le droit de changer la succession de la monarchie. En cela, ce monarque eut raison ; il fut fidèle aux lois fondamentales du royaume et conséquent avec lui-même. Après avoir proclamé le principe que Dieu seul pouvait abolir la loi de succession, après s'être refusé pour lui-même à y toucher, il ne pouvait reconnaître aux états de la modifier. (1)

Les renonciations furent donc seulement enregistrées au parlement le 13 mars 1713, en vertu d'une déclaration du roi du même mois, qui autorisa cet enregistrement et la radiation des lettres patentes, de décembre 1700, données en faveur de Philippe V.

Nous avons vu ce qu'on pensait des renonciations avant qu'elles fussent effectuées ; voyons maintenant ces renonciations elles-mêmes, les actes qui les accompagnèrent et l'opinion des contemporains sur leur valeur après qu'elles furent échangées.

La déclaration déjà citée de Louis XIV, du 13 mars 1713, est remarquable ; il y est dit dans les considérants : « Nous sentons, « comme roi et comme père, combien il eût été à désirer que la

---

(1) Le traité de Troyes, cette dernière infortune d'un prince privé de sa raison, cette tache ineffaçable dans l'histoire des Etats généraux de la France, ce traité *de guerre et non de paix*, pour nous servir de l'expression des contemporains, fait unique dans notre histoire, est la preuve la plus éclatante de l'incapacité radicale du monarque et des Etats, même unis ensemble, pour changer la loi de succession de la monarchie.

« paix générale eût pu se conduire sans une renonciation qui fasse
« un si grand changement dans notre maison royale et dans l'ordre
« ancien de succéder à notre couronne. Nous sentons de plus com-
« bien il est de notre devoir d'assurer promptement à nos sujets
« une paix qui leur est nécessaire. Nous n'oublierons jamais les ef-
« forts qu'ils ont faits pour nous dans la longue durée d'une
« guerre que nous n'aurions pu soutenir si leur zèle n'avait encore
« eu plus d'étendue que leurs forces. Le salut d'un peuple si fidèle
« est pour nous une considération suprême qui doit l'emporter sur
« toute autre considération. C'est à cette loi que nous sacrifions le
« droit d'un petit fils qui nous est si cher, et par le prix que la
« paix générale coûtera à notre tendresse nous aurons au moins
« la consolation de témoigner à nos sujets qu'aux dépens de notre
« sang même ils tiendront toujours le premier rang dans notre
« cœur. »

Ces considérants sont la plus éloquente justification du mot fameux : « l'Etat c'est moi, » qu'on a si cruellement et si injustement
reproché à Louis XIV. Ce mot n'est autre que le cri de l'égoïsme
sublime de la royauté, qui assimile et qui confond la gloire et le
bonheur du prince, le bonheur et la gloire des peuples. Dans ce
document, Louis XIV demeure au surplus ferme dans les principes
qu'il avait soutenus ; il ne promulgue pas un ordre nouveau de succession, il n'en avait pas le droit ; il *autorise* seulement, au moyen
de l'enregistrement, la publicité d'un fait indépendant de sa volonté,
de ces renonciations émanées d'un libre arbitre autre que le sien
et qu'il n'aurait pu ordonner. Il n'admet et n'autorise cette publicité
que comme contraint et forcé et pour obéir à la loi suprême du salut public. Il a soin de rappeler auparavant que cette renonciation
proposée par l'Angleterre est le fondement *essentiel et nécessaire
des traités*, et comme seule pouvant être *le lien de la paix ;*
« qu'il a tout fait pour détourner son petit-fils *d'une condition*
« *qui sacrifie son droit.* » Il n'abolit pas les lettres patentes données à Philippe V en 1700 ; il constate seulement que ce dernier *s'est
désisté* de leur bénéfice.

En un mot, rien n'est négligé pour ôter à cette déclaration jusqu'à la plus légère apparence d'une loi nouvelle dont elle ne pouvait et ne devait pas avoir le caractère.

Les renonciations ainsi accomplies furent insérées dans l'article 7 du traité d'Utrecht, du 11 avril 1713.

Cet article est ainsi conçu :

« D'autant que la guerre que la présente paix doit éteindre a été
« allumée principalement parceque la sûreté et la liberté de l'Eu-
« rope ne pouvaient pas absolument souffrir que les couronnes de
« France et d'Espagne fussent réunies sur une même tête, et que,
« sur les instances de S. M. Britannique, et du consentement tant
« de S. M. T. C. que de S. M. C., on est enfin parvenu, par un
« effet de la Providence divine, à prévenir ce mal pour tous les
« temps à venir moyennant des renonciations conçues dans la
« meilleure forme, et faites de la manière la plus solennelle, dont la
« teneur suit ci-après.

(Suivent les renonciations).

« Etant suffisamment pourvu par la renonciation ci-relative, la-
« quelle doit être éternellement une loi inviolable et toujours obser-
« vée, à ce que le roi ni aucun prince de sa postérité ne puisse
« jamais aspirer ni parvenir à la couronne de France, et d'un autre
« côté les renonciations réciproques à la couronne d'Espagne faites
« par la France, ainsi que les autres actes qui établissent la succes-
« sion héréditaire à la couronne de France, lesquels tendent à la
« même fin, ayant suffisamment pourvu à ce que les couronnes de
« France et d'Espagne demeurent séparés et désunies ; de manière
« que, les susdites renonciations et les autres transactions qui les
« regardent subsistant dans leur rigueur, et étant observées de
« bonne foi, ces couronnes ne pourront jamais être réunies ; ainsi
« le sérénissime roi T. C. et la sérénissime reine de la Grande-
« Bretagne s'engagent solennellement, et par parole de roi, l'un à
« l'autre, qu'eux ni leurs héritiers et successeurs ne feront jamais
« rien, ni ne permettront qu'il ne soit jamais rien fait capable d'em-
« pêcher les renonciations et autres transactions susdites d'avoir
« leur plein et entier effet ; au contraire, LL. MM. RR. prendront

« un soin sincère, et feront leurs efforts afin que rien ne donne at-
« teinte à ce fondement de salut public. »

On remarque que cet article attribue aux renonciations le seul
objet qu'elles pouvaient et devaient raisonnablement atteindre, la
séparation perpétuelle des deux couronnes. Et c'est là le point essentiel qu'a parfaitement établi un ministre dont l'autorité est ici
d'un grand poids, M. Guizot, dans ses remarquables dépêches des
5 et 12 octobre 1846, au comte de Jarnac, à l'occasion des mariages
espagnols.

Si donc nous résumons ce qui précède, on serait fondé à dire :

1° Que les renonciations sont nulles en tant qu'elles sont contraires au droit ancien de la monarchie et à ses lois fondamentales ;

2° Que Louis XIV, loin d'apporter aucune innovation dans ces
lois, ce qui d'ailleurs n'eût été qu'une usurpation de sa part, a fait
tout ce qui était en lui pour sauvegarder le principe et le séparer
du fait ;

3° Que les puissances signataires du traité d'Utrecht, dûment et
préalablement averties du vice des renonciations en ce qui concerne
le droit interne de la monarchie, ne les ont prises que pour ce
qu'elles valaient, pour une garantie contre la réunion des deux couronnes de France et d'Espagne ;

4° Que dès lors les renonciations, si absolues que soient leurs termes, n'ont, comme le traité dont elles ont été le préliminaire, pour
effet politique et légal que d'empêcher l'union des deux royaumes ;

5° Que, par suite, le droit de succession de la branche d'Espagne, en cas de décès sans postérité de M. le comte de Chambord,
est préférable à celui de la maison d'Orléans ; étant bien entendu
que les renonciations étant réciproques, si celle de la maison d'Espagne au trône de France est nulle, celle de la maison d'Orléans au
trône d'Espagne l'est également.

Telle est, au surplus, l'opinion des contemporains ; voyons notamment ce qu'en disent Voltaire et Duclos :

« Il n'y a point encore de loi reconnue qui oblige les descendants
« à se priver du droit de régner auquel auront renoncé leurs
« pères.

« Les renonciations ne sont efficaces que lorsque l'intérêt com-
« mun continue de s'accorder avec elles. Mais enfin elles calmaient
« pour le moment présent une tempête de douze années ; et il était
« probable qu'un jour plus d'une nation réunie soutiendrait ces re-
« nonciations devenues la base de l'équilibre et de la tranquillité de
« l'Europe. » (Voltaire, *Siècle de Louis XIV*, tome 1, page 420.)

« Les principes ou les préjugés nationaux sont inaltérables. On
« est généralement persuadé en France que si la famille royale, la
« branche directe venait à s'éteindre, l'aîné de la branche espagnole
« passerait sur le trône de France, au préjudice de tous les princes
« du sang qui ne seraient pas sortis de Louis XIV, Louis XV, etc.
« On n'en est pas moins convaincu que les deux couronnes ne
« seraient pas réunies sur la même tête. » (*Mémoires de Duclos*,
tome 1.)

Nous lisons encore dans les mémoires de madame de Staal, con-
fidente, comme on sait, de la duchesse du Maine, que lorsque
Louis XIV permit aux princes légitimés de l'interroger sur une des
clauses probables de son testament, à leur choix, le comte de Toulouse conseilla de demander si le roi rappelait Philippe V à la succession de France. Cet avis prévalut, tant l'opinion que les renonciations n'avaient de valeur que pour établir que la séparation des
deux couronnes était fermement établie.

Enfin la difficulté se présenta à l'assemblée nationale de 1789,
lors du projet de constitution.

« Quelques députés, partisans de M. le duc d'Orléans (dit le
« marquis de Clermont-Gallerand), voulurent que l'assemblée pro-
« nonçât sur l'hérédité de la branche d'Espagne au trône de France,
« faisant valoir et rapportant la renonciation faite par Philippe V,
« petit-fils de Louis XIV, lorsqu'il monta sur le trône d'Espagne.
« Les débats qu'éleva cette motion, à laquelle M. le duc d'Orléans
« se dispensa d'assister, furent longs et vifs ; son parti voulait l'em-
« porter : mais l'assemblée n'osa pas prononcer l'exclusion de la
« branche d'Espagne, ce qui eût été aussi imprudent qu'impo-
« litique. »

Non seulement l'exclusion ne fut point prononcée, mais encore la constitution de 1791, délibérée dès 1789, contient une réserve formelle à cet égard. Il fut dit (chap. 11, section 1, de la royauté et du roi, art. 1er) :

« *La royauté est individuelle et déléguée héréditairement à* « *la race régnante de mâle en mâle, par ordre de primogé-* « *niture, à l'exclusion perpétuelle des femmes et de leurs des-* « *cendants.*

« *Rien n'est préjugé sur l'effet des renonciations dans la* « *race actuellement régnante.* » (1)

(1) Une grande confusion régna dans cette discussion.

Mirabeau, dont le coup d'œil politique avait compris tous les inconvénients de cette discussion au point de vue des relations avec l'Espagne, mais qui était personnellement contraire aux descendants de Philippe V, réclama l'ajournement.

« A trois siècles ! » s'écria M. de Virieu, député de la droite, qui craignait bien que l'influence du parti orléaniste ne l'emportât.

Target proposa un amendement ainsi conçu : « *L'Assemblée ne veut pas* « *délibérer.* » Et M. de Choiseul cet autre amendement : « *L'Assemblée n'entend pas délibérer.* » L'un et l'autre furent rejetés, et la question préalable prononcée dans la première séance. Mais le débat se réveilla dans la séance du 6, sur la proposition que fit Mirabeau d'exclure de la Régence *tout homme qui n'était pas né en France.*

C'était écarter subrepticement la branche d'Espagne. Alors de Mortemart demanda à préciser la portée des renonciations d'Utrecht, par lesquelles, disait-il, Philippe V n'avait pu dépouiller sa postérité de ses droits au trône de France, et qui n'avaient eu dès lors d'autre but que la séparation des deux couronnes.

A cela Mirabeau répondit par ce lieu commun, que raisonner ainsi c'était reconnaître aux rois le droit de disposer par traités de la liberté des peuples.

M. d'Espréménil disserta sur la loi salique ; son opinion, fort confuse, laissa entrevoir néanmoins qu'il pensait que l'ordre de cette loi devait amener la branche d'Espagne, point non douteux sans l'existence de cette renonciation : c'était vouloir résoudre la question par la question, et c'est ce que fit sentir Mirabeau dans une vive réplique.

Duport opina pour laisser la question en suspens ; Garat jeune, au contraire, dit qu'il fallait la trancher, que les renonciations avaient coûté trop de sang à la France pour n'être pas maintenues.

Le duc du Chatelet résuma la question avec autant de clarté que de précision.

Ainsi, l'unique fois que cette grave question sortit depuis Louis XIV des régions souvent un peu vagues de la spéculation, pour être portée sur un terrain pratique et devant le tribunal le plus compétent, pour ne pas dire le seul compétent pour en connaître, devant les états généraux de la France, elle a été formellement réservée ; et ces réserves subsistent encore dans toute leur force, car elles n'ont point été expressément abrogées par les seules lois postérieures applicables à la dynastie des Bourbons, la Charte de 1814 et

« 1° Philippe V a-t-il pu renoncer à la substitution fondée par la loi salique ?

« 2° Philippe V a-t-il pu priver la nation du droit qu'elle avait sur lui et ses descendants. »

C'était tourner habilement les termes du lieu commun employé par Mirabeau, et dire : C'est le prince qui est la propriété du peuple, et non le peuple qui est la propriété du prince.

Cette thèse fut suivie d'une confusion générale, que Cazalès parvint à dominer. L'opinion de ce grand orateur, appuyée sur les vrais principes, est de beaucoup la plus remarquable et fort supérieure à celle de Mirabeau, partagée entre le sentiment des convenances politiques et le souci de sa popularité.

Cazalès, après avoir établi que s'il était dangereux de s'expliquer sur la question, une fois celle-ci soulevée, il était honteux pour l'assemblée de ne pas le faire, proposa de faire prononcer sur la validité des renonciations par une convention nationale convoquée *ad hoc*, dans le cas où, la maison régnante venant à manquer, la branche d'Orléans croirait devoir les opposer à la maison d'Espagne.

Cazalès fut fort applaudi ; d'autres orateurs, entre autres Bauche et M. de Mascaye, député de Bayonne, firent valoir, par des considérations politiques et commerciales, combien il était important de conserver la bonne intelligence avec l'Espagne.

Sept amendements surgirent de cette pénible discussion. Les deux principaux, présentés, l'un par Target, l'autre par l'évêque d'Autun, étaient ainsi conçus :

Le premier : « *Il n'est rien préjugé dans les races actuellement régnantes, sur lesquelles, le cas arrivant, une convention prononcera.* »

Le second : « (Même commencement), *et dans le cas douteux, la nation jugera.* »

Le scrutin de division fut demandé sur l'amendement Target, dont la première partie fut seule adoptée, et fut insérée, comme nous l'avons vu, dans la Constitution de 1791.

celle de 1830. Elles sont comprises dans le bénéfice de l'article 68 de la première, de l'article 59 de la seconde, conçus tous deux dans ces termes :

« Le Code civil et les lois actuellement existantes, qui ne sont « pas contraires à la présente charte, restent en vigueur jusqu'à ce « qu'il y soit légalement dérogé. »

Il y a donc là une question de droit public encore pendante, un procès non jugé à porter devant l'assemblée de la France.

---

## XII. (*Page* 221.)

On a objecté à la pensée fondamentale de notre livre : *la Révolution c'est l'Orléanisme*, qu'après la mort de Philippe Égalité, lorsque son fils, duc de Chartres (Louis-Philippe), semblait avoir abandonné la pensée d'usurpation qui avait perdu son père, la révolution n'en suivait pas moins ses développements et ses phases.

On en conclut que cette révolution devait donc avoir un autre mobile que l'orléanisme.

La lettre suivante, qui nous a été transmise par notre spirituel ami M. le baron de Planhol, nous aidera à détruire cette objection, puisqu'elle prouve qu'en 1796 le fils de Philippe Egalité intriguait toujours en France et à l'étranger pour usurper le trône de France ; qu'ainsi il n'y a jamais eu, à proprement parler, d'interruption à cette pensée d'usurpation qui, comme un ferment, restait au fond de la révolution pour l'envenimer et la perpétuer.

Voici cette lettre, dont nous remercions M. de Planhol :

H. DE LOURDOUEIX.

*A M. de Lourdoueix.*

« Paris, 1ᵉʳ septembre 1852.

« Mon cher et honorable ami,

« Ne pouvant aller vous chercher aujourd'hui, je vous envoie un appendice très curieux à votre excellent livre : *la Révolution c'est l'Orléanisme.* Faites-le entrer, — vous jugerez comment, — dans votre 4ᵉ édition. Voici ce dont il s'agit.

« Tout le monde sait qu'après avoir achevé l'éducation des jeunes princes d'Orléans et de leur sœur (Mlle Adélaïde), Mme de Genlis les avait quittés, et avait ém¡gré avec Mlle d'Orléans en Suisse. Plus tard, toujours suivie par son élève, elle passa dans le Holstein. Au commencement de l'année 1797, Mme de Genlis y apprit, par les papiers étrangers, qu'un parti 's'agitait en France pour porter au trône M. le duc d'Orléans (qui continuait de s'appeler le *duc de Chartres*); elle écrivit aussitôt à son ancien élève une lettre très longue, pleine de cette fade sensiblerie « de la nature » que les livres de Jean-Jacques et de Bernardin de Saint-Pierre avaient mise en vogue, mais qui cependant se hausse dans certains passages à une véritable grandeur d'idées et de sentiments. Cette lettre, très peu connue, est datée de Silk, 8 mars 1796. J'en extrais le passage suivant, qui s'applique directement à l'objet de votre livre :

« .... Il me paraît impossible que vous ne sachiez pas que l'on a
« écrit dans plusieurs journaux français que vous aviez *un parti* en
« France, et des *partisans* dans les pays étrangers qui voulaient
« vous placer sur le trône. Si vous ignoriez ce fait, ce serait vous
« rendre un très grand service que de vous en instruire.... Vous,
« prétendre à *la royauté !* Devenir un usurpateur, *pour abolir*
« *une république que vous avez reconnue,* que vous avez chérie,
« et pour laquelle vous avez combattu vaillamment, et dans quel
« moment? Quand la France s'organise, quand le gouvernement
« s'établit, quand il paraît se fonder sur les bases de *la morale* et

« de la justice (1) ! Quel serait le degré de confiance que la France
« pourrait accorder à un roi constitutionnel de vingt-trois ans, qu'elle
« aurait vu, deux ans auparavant, *ardent républicain et le parti-*
« *san le plus enthousiaste de l'égalité?*

« Un tel roi ne pourrait-il pas, tout aussi bien qu'un autre,
« *abolir insensiblement la constitution et devenir despote?*
« D'après les idées reçues, en général, il y a moins d'intervalle de
« la royauté, quelle qu'elle soit, au despotisme que du gouverne-
« ment démocratique à la royauté la plus mitigée. Pourriez-vous,
« en montant sur ce trône sanglant et renversé, vous flatter même
« de donner la paix à la France ? Non sans doute ; la prolongation
« de la guerre extérieure, la guerre civile dans toutes les parties
« de l'empire seraient les funestes fruits de cette odieuse usurpa-
« tion. La France, en reprenant la royauté, légitime elle-même les
« prétentions du frère de Louis XVI. Si le trône est relevé, c'est
« à lui qu'il appartient.

« En vous y plaçant, vous n'y porteriez que le *plus odieux des*
« *titres ; de nouvelles factions vous en chasseraient ;* et vous
« trouveriez alors dans l'exil et la proscription les seuls malheurs
« que vous n'ayez point encore éprouvés, et les seuls qui soient
« insupportables : *le déshonneur et le remords...* Je suis sûre,
« Monsieur, que vous pensez tout ce que je viens d'exprimer, et je
« me flatte que les personnes qui vous entourent et les amis que
« vous avez choisis (2) sont incapables de chercher à vous inspirer
« une ambition qui serait aussi absurde que criminelle sous tous les
« rapports. Enfin, je suis intimement persuadée que si ceux qui
« vivent avec vous vous donnaient des conseils différents, ce que je
« n'ai nulle raison de supposer, vous les rejetteriez, pour ne con-
« sulter que votre cœur, dont la droiture vous guidera toujours
« bien... »

(1) Ce gouvernement partisan de *la morale* était le Directoire. Mais il
est bon de savoir qu'à cette époque Mme de Genlis sollicitait la permission de rentrer en France, et qu'elle savait bien que sa lettre serait publiée,
ce qui eut lieu, en effet, peu de temps après.

(2) Dumouriez, entre autres.

Mme de Genlis a vu 1830. Qu'a-t-elle pensé alors de son élève ? Louis-Philippe à Claremont s'est-il rappelé les pronostics de 1796 ?

Il y a beaucoup à prendre dans cette lettre de M m e de Genlis, plus qu'il ne semble au premier aspect.

*Your friend for ever.*

Voici comment un écrivain du *Journal des Débats* caractérisait en 1831 l'esprit d'usurpation :

« A des esprits inquiets une révolution portera toujours préju-
« dice, et cette révolution, dans tous les cas, est un grand malheur
« pour eux ; elle les rend ambitieux, quoi qu'ils fassent ; elle les
« tire de leur repos ; elle les entoure de grandeurs inouïes ET VO-
« LÉES ; elle les dégage de leur premier serment si solennel, et
« qu'on ne prononce qu'une fois. Elle les entoure de parvenus du
« dernier étage, ce qui fait qu'ils se regardent et qu'ils se disent
« (chose étrange étrange ! ils se disent cela tout haut) : « Je vaux
« pourtant mieux que cela ! Alors, dans ces temps de malaise, L'U-
« SURPATION DEVIENT UNE CONTAGION MORALE ; CHACUN VEUT
« USURPER QUELQUE CHOSE DANS CE GASPILLAGE POLITIQUE......
« Quand il n'y a plus de frein pour quelques-uns, il faut qu'il n'y
« ait plus de frein pour personne. Quand Mirabeau fut le maître, il
« n'y eut plus de raison pour que Robespierre n'eût pas son tour. »

(JULES JANIN, Préface de Barnave.)

Voilà comment le même écrivain traçait, dans le même ouvrage, le portrait de Philippe-Joseph (EGALITÉ), père de Louis-Philippe :

« Pour figurer le crime (dans son roman) je l'ai pris, dit-il, dans
« un palais comme un effrayant contraste. J'ai choisi (et cette pré-
« férence lui était bien due) ce prince qui descendit tous les degrés
« de l'échelle sociale pour se faire peuple, non le peuple qui tra-
« vaille et se bat un jour pour reconquérir ses droits ou pour les
« défendre, mais le peuple rouge de sang et de vin, qui égorge
« pour égorger, et rentre à la maison, tranquille comme le bour-

« reau qui a fini sa tâche. Si ce prince, ce peuple, ce bourreau se
« sont rencontrés dans un seul homme, pouvais-je laisser de côté
« cette figure si franchement scélérate? Pouvais-je trouver quelque
« part un exemple plus frappant de folie et de méchanceté. »

Ceux qui nous accusaient de nous montrer sévère envers
la famille d'Orléans trouveront notre justification dans les
considérations que M. Jules Janin adresse à un ami qui vint
l'empêcher de barbouiller de honte et de mépris un premier
prince du sang.

« Ce prince, dit M. J. Janin, n'a droit qu'à l'impartialité, et je l'ai
« représenté tel qu'il m'a paru : avare et prodigue tout à la fois,
« débauché sans être voluptueux, qui ne laisse pas même au crime
« sa seule dignité, l'indigne homme qui n'osa jamais regarder un
« homme en face, pas même Louis XVI; ce prince, il est à moi, il
« m'appartient par tous les droits de l'histoire. Ses lâchetés, ses
« vices, ses orgies, ses fanfaronades, tout cela est de mon domaine,
« et je ne m'en dessaisirai jamais par un misérable calcul d'inté-
« rêt ou de peine. Je sais bien quelle raison vous allez me donner,
« et entre autres raisons que la mémoire de ce prince est aujour-
« d'hui à l'abri d'une couronne : mais vos raisons ne sont pas les
« mêmes que les miennes. Ce prince dont je m'empare, c'est ma
« révolution de 1830, c'est l'épave qui, toute souillée, m'est venue
« du grand naufrage.

« À les entendre, ces hommes à ménagements, et pour complaire
« à des vanités de famille, ajoute M. J. Janin, il faudrait confisquer
« l'histoire d'un siècle et demi, et désormais la plus adroite flatterie
« de ce qui est serait l'oubli de ce qui fut; mais ces accommode-
« ments peuvent-ils entrer dans un esprit droit et libre? Est-ce ma
« faute à moi si vous êtes contraints de renier vos aïeux, comme un
« parvenu de la veille désavoue son père le maltôtier. Je ne sais ce
« que je gagnerais à cette complicité de mensonges; mais je sais
« qu'elle ne servirait de rien à ceux que j'adulerais si bassement. »

# LETTRES AUTOGRAPHES.



Nous donnons ici dix lettres autographes . les quatre premières sont de Louis-Philippe d'Orléans ; elles font voir quels étaient les sentiments et les pratiques de ce prince pendant l'émigration.

La cinquième lettre a été écrite de Palerme, en 1810, par Marie-Amélie, alors enceinte de son premier enfant. Nous donnons ces extraits pour montrer que dès cette époque Louis-Philippe avait inspiré à sa jeune épouse la pensée de supplanter la branche aînée sur le trône de France et des sentiments d'aversion contre ses aînés. Cette lettre est extrêmement remarquable si on la rapproche des protestations de fidélité monarchique contenues dans la lettre précédente.

La sixième lettre a été écrite par M. Pasquier à Louis-Philippe. — Elle est datée de Saint-Leu, où il avait été envoyé pour dresser l'acte de décès de M. le duc de Bourbon. Nous livrons aux réflexions de nos lecteurs les dernières lignes de cette lettre.

La septième pièce autographe est une lettre de M. de Rumigny, écrite également de Saint-Leu, à

Louis-Philippe ; on y verra que l'honorable général ne croyait pas que la mort de M. le duc de Bourbon fût le résultat d'un suicide. — Un pareil témoignage a beaucoup de poids, et justifie complétement nos opinions à cet égard.

Les trois lettres qui suivent sont de M. Odilon Barrot ; elles ont été oubliées par lui dans la chambre qu'il occupait à Cherbourg, et prouvent que la mission des commissaires était de déterminer le départ de la dynastie légitime, en exagérant la force de l'insurrection qu'on dirigeait sur Rambouillet.

Une de ces lettres, en partie lacérée, offre des lacunes à la fin de plusieurs lignes ; elle montre les sentiments secrets de M. Odilon Barrot à l'égard des républicains. Elle explique aussi dans quel but M. Odilon Barrot a dit aux personnes qui accompagnaient M. le duc de Bordeaux ce mot si souvent rappelé depuis : « Conservez bien cet enfant, c'est le « dernier espoir de la France. »

Les deux autres pièces montrent que les commissaires n'ont mis aucune loyauté dans les réponses qu'ils ont faites à Charles X sur le nombre des bandes insurgées. Dans l'un de ces documents, qui est un brouillon non achevé, mais écrit de la main de M. Odilon Barrot, il se vante même d'avoir *déterminé le Roi* à partir A FORCÉ DE LUI FAIRE PEUR.

Quelle belle mission pour un personnage aussi grave et aussi solennel que M. Odilon Barrot !

* 9 7 8 2 0 1 4 0 3 6 0 7 7 *